ACCESO A LO IMPOSIBLE

SER CUÁNTICO

POR MAURICIO BUSTOS EGUÍA

ISBN: 9798393819378

Diseño y concepto de portada: Lexy Yuliana Yañez Lamas

Arte y Ejecución de portada: José Manuel Gómez Gonzalez

AGRADECIMIENTOS

Mi madre es mi inspiración más grande, además de haberme regalado la vida, ha sido mi modelo a seguir: gracias por tu ejemplo.

Mis hijos son siempre mi mayor tesoro, mi amor incondicional. A lo que más aspiro es que sean seres humanos felices y realizados.

Gracias Marikar por todo tu amor; sin duda, este trabajo es tuyo. Has sido mi socia y cómplice en todo, sin ti este libro, como muchos otros proyectos, no existiría.

Dedico este libro a quienes están dispuestos a ser líderes para transformar el mundo, empezando con transformar el suyo.

CONTENIDO

PRÓLOGO DE ODILÓN GARCÍA

Esta obra es pionera en el abordaje de la más actual construcción del nuevo ser humano-cuántico, que logrará, al recorrer sus páginas, simplemente despertar a una realidad mucho más luminosa en comparación con la que hoy cuenta.

Con los elementos que aquí, generosamente le ofrece el autor Mauricio Bustos Eguía, un ser desprovisto de envidia, usted podrá sacudirse el polvoriento traje que hoy cubre al mundo para proveerle de uno nuevo, a su medida, ahora sí confeccionado por el mejor autor: usted mismo.

El lector ávido descubrirá a los sastres inerciales de su infancia o su vida de adolescente que le colocaron un costal encima en vez de telas preciosas. Construirá un traje a su medida e irrepetible que le va a permitir correr ágilmente por este magnífico mundo y disfrutar de sus maravillas que le han estado esperando, tal vez durante toda su vida.

Si usted es ya un ser cuántico, luminoso, libre y líder de su persona le encantará aún más pues con excepcional maestría el autor le reforzará lo que usted ya experimenta y se convertirá en su amigo entrañable, así como fuente de inspiración para que usted siga el camino que le ha marcado convertirse en su mejor versión como persona.

Debo advertir que el abordaje de la cuántica tiene su parte mística, ese encuentro de nuestra esencia más profunda con la universal divinidad, entendiéndose por "divino" lo que destaca, por sus cualidades intrínsecas frente a los demás.

El maestro Bustos se adelanta a su época, pero no es fortuito pues ha dedicado toda su vida académica a indagar acerca de lo que es capaz el ser humano y luego de abrevar de muchos autores, hasta físico-matemáticos ha logrado construir una poderosa y bella conclusión que, dicho sea de paso, hoy pone en sus manos con el ánimo de contribuir a nuestra sociedad de sonámbulos, escapistas de la realidad y ciegos de la naturaleza para que con esta pócima sea conjurado el maleficio de la vida "moderna" que los sustrae de lo real y drena su felicidad.

Así que prepárese para viajar a los confines del universo cuántico que, al terminar de leer y comprender el mensaje de Mauricio y se vea al espejo, reconocerá la verdadera belleza que es usted, pero no lo sabía, porque le hacía falta un maestro.

Le felicito porque llegó usted a esta obra, o ella llegó a usted con el propósito de hacerlo sentir y vivir su empoderamiento.

Sólo me resta advertir que quien se adentre en la obra, deberá ser valiente y estar dispuesto a ponerse en riesgo para mudar su avejentado ser lleno de paradigmas, rencores, frustraciones y traumas del pasado al nirvana-cuántico.

Odilón García, periodista.

PRÓLOGO DE SERGIO ALAIN MICHAUS DE LA CERDA

Creo que a lo largo de mi vida he creído firmemente en las coincidencias, sin embargo, recién he concluido que las cosas que suceden son como deberían de ser, independientemente de lo mucho que me esfuerce por cambiar el rumbo, todo termina como debe de terminar, por lo que me atrevo a afirmar que encontrarte con esta lectura deriva en una perfecta sincronía con el universo.

Durante esta lectura podrá tener acceso a un recorrido consciente de la manera sutil en la que como sociedad estamos sujetos a una "domesticación" como lo diría el Dr. Miguel Ruiz. Mauricio Bustos te lleva por este viaje en cada una de sus letras a descubrir el poder que tenemos los seres humanos.

Tengamos en cuenta que la lectura es una simple y sencilla, sin embargo, no porque la lectura sea simple no tiene base y fundamentos sólidos que permiten profundizar de manera intensa el aprendizaje. Conforme avanzan los párrafos podemos no solo divertirnos, sino poder hacer un giro fundamental en la manera como nos relacionamos con el mundo y la manera como obtenemos resultados.

Independientemente si estas familiarizado con los términos del libro o no, este viaje nos regala la oportunidad de quitarnos una venda heredada por la cultura donde nos limitamos en cierta manera a actuar, ser y producir resultados acordes a lo que el contexto cultural permite. Poder explorar nuevas alternativas fundamentadas no solo por el amplio conocimiento del autor, sino también por fuentes probadas a lo largo de años, nos permite ampliar horizontes que no estaban antes ahí disponibles.

La mayoría de las personas podemos definirnos de una manera particular lo que arroja en nuestra vida producir una realidad predecible, lograr acceder a lo imposible es una de las aventuras más desafiantes y me atrevo a decirlo, atemorizantes que el ser humano puede regalarse, sin embargo, después de este encuentro fantástico podrá, si así lo decide despertar a mirar el mundo con unos nuevos ojos me brinda la suficiente emoción por lanzarme lo desconocido.

Hay un capítulo verdaderamente fascinante, "muerte, urgencia y riesgo", el autor menciona a uno de los filósofos que bajo mi criterio es uno de los más importantes durante los últimos años, y este es Martin Heidegger. Heidegger aborda el tema de la muerte de una manera fascinante y dedicar un capítulo entero a este tema existencial que todos los seres humanos compartimos abre todas las posibilidades a elegir ocurrir de manera urgente a crear ese futuro que no iba a estar disponible si continúo eligiendo lo que hasta ahora he elegido. En el gran sin sentido de la vida, es justo la muerte la que arropa el sentido único que los seremos humanos podemos inventar para nuestro transcurrir.

Espero que tú también elijas, como yo, desarrollar una pasión por lo imposible. La investigación, el estudio y el compromiso puesto en este libro que ahora tienes en tus manos podrá cambiar tu vida de la misma manera que hizo conmigo.

Mauricio con su pasión y experiencia pone a tu disposición una maravillosa aventura desarrollada en un montón de páginas donde se concentra una postura disruptiva del entendimiento del ser humano.

Lic. Sergio Alain Michaus de la Cerda, Psicólogo y Entrenador.

INTRODUCCIÓN

Acceso a lo imposible es una extraordinaria actualización sobre el potencial humano en el marco del siglo XXI que además funciona como una guía práctica que te lleva paso a paso para elevar tu potencial y aprovechar al máximo este momento.

Nuestro tiempo está lleno de disrupciones, cambios, innovaciones y nuevos conocimientos que nos aporta la tecnología y la ciencia, y éstos impactan en el paradigma global en donde el ser humano es, así como el marco de entendimientos y realidades en el que vivimos. Me refiero a transformaciones en el contexto humanidad, a todos los niveles: político, social, económico, empresarial, familiar, individual.

Esta obra pretende mostrar innovaciones sobre el entendimiento del ser humano, brindando una nueva mirada llena de posibilidades empezando por ti y tu entorno como lector comprometido a practicar nuevas maneras de relacionarte con el mundo y las posibilidades que al hacerlo aparecerán en tu vida.

El ser humano cuántico que te propongo en este libro es un humano capaz de reinventarse, de ejercer su poder para crear historias de la nada y enrolar a otros a vivir dentro de ellas, innovando en su realidad, de tal forma que la transforme y acceda a lo que antes no estaba disponible.

Tu eres un lector beneficiado de este libro si deseas acceder al máximo potencial en tu vida, en tu ámbito familiar, en tus relaciones, en tus proyectos; si eres alguien que desea tener acceso a un estilo de vida extraordinario, de calidad y realización. Esta obra te dará acceso a aplicar los conocimientos que te ahorrarán muchísimos años, dinero y dolores.

Si eres un emprendedor o líder de empresa, familia, organizaciones o comunidad que estás dispuesto a mantener e incluso incrementar tu espíritu implacable de impactar en los demás y dejar un legado positivo de tu presencia en este mundo, este libro será un extraordinario aliado.

Eres también un lector beneficiado si estás en la academia, eres investigador o un curioso explorador del tema del potencial humano. En pocas páginas tendrás acceso a un gran resumen de posturas y puntos de vista ganadores de diversos líderes sociales, investigadores, escritores, empresarios, científicos, filósofos, tanto actuales como quienes contribuyeron a lo largo de la historia del mundo de manera excepcional a entender sobre los humanos y el universo, su naturaleza y su potencial.

Considero que como lector puedes encontrar un marco de referencia variado con posturas de diferentes ángulos que apuntan a un mismo fenómeno: el gran poder que tenemos los humanos para inventarnos y construir la realidad en la que vivimos.

Esta obra es un resumen de la formación que he tenido en 30 años de experiencia en la que constantemente he dedicado mi tiempo a aprender. Sin duda es un resumen teórico llevado a la práctica para que tú, amigo lector, puedas implementar los principios del "potencial humano" con una nueva perspectiva en tu vida y accedas a lo que hasta hoy no has logrado crear en ella.

Sustento con un marco de referencia cada principio que te

invito a poner en acción, ello te apoyará en incrementar tu conocimiento y cultura, pero, lo más importante es tu determinación y disciplina con las que implementes los principios en tu vida. Este es mi principal propósito al realizar este trabajo: producir un impacto extraordinario en tu vida, lo cual es solo posible con tu compromiso y participación total.

Aprovéchate de los recursos y tareas que vienen al final de cada capítulo. Utilízalos como un proceso de coaching, facilitación o entrenamiento que llevas realmente a tu vida, como si fueran tareas que tu propio entrenador personal te sugiere realizar, porque así es.

Como todo en la vida, no es suficiente con saber, se requiere una ejecución comprometida, valiente, resiliente, constante e implacable del lector. Llevarlo a la acción. Si estás dispuesto a vivir tu máximo potencial, crear una vida que ames, tendrás en tu mano una extraordinaria guía muy práctica para hacerlo de forma efectiva e inmediata.

En la primera parte del libro deseo enrolarte en la idea de que lo imposible, cualquiera que eso sea para ti, es solo un estado temporal no definitivo, y si estás comprometido puedes hacer que ese estatus de imposible cambie a posible y, de hecho, a una nueva realidad para ti.

Después te explico cómo ha funcionado este cambio de imposible a posible y el rol que tiene el marco referencial de entendimientos en ello. Es ahí donde te llevo a abrir posibilidades en tu vida, en lo que hasta ahora parece imposible, desde los actuales entendimientos que tienes, la manera en que observas a través de esos entendimientos y, por ende, cómo te relacionas en el mundo, creando tu propia realidad.

Posteriormente, te brindo distinciones fundamentales para alterar tu realidad, desde la forma en que hoy la percibes hacia una nueva. También te brindo una serie de distinciones de liderazgo que empoderen tu camino y te apoyen a acceder a lo imposible, e incluso, a llevar a otros a hacerlo.

En todo este camino utilizo los principios de la mecánica cuántica y los fundamentos de la filosofía existencialista que aportan el sustento como tecnología de transformación que te propongo aplicar.

Utilizo un resumen de lo que, en mi óptica, está ocurriendo actualmente en el mundo como cambio de macro visión o paradigma en el que vivimos los humanos y las prácticas más efectivas dentro de ese contexto de transformación universal.

Al final agregó dos capítulos que son un material adicional al corazón de la obra, estas son una referencia sobre la filosofía existencial y la mecánica cuántica. Estos dos últimos capítulos son un apoyo si eres un lector curioso y ávido de soporte teórico. Sin embargo, si solo te enfocas e implementas con diligencia y compromiso los principios de cada capítulo previo a estos de referencia, obtendrás los beneficios que nos propusimos crear para ti, querido lector: una guía para transformar tu vida y acceder a lo que hasta hoy te ha resultado imposible crear.

Como todo en la vida, este libro puede ser el parteaguas de una transformación increíble en tus relaciones, amor, familia, salud, finanzas, empresa; un verdadero salto a un estilo de bienestar, abundancia y contribución o no. Lo anterior depende de tu compromiso implacable de confiar y aplicar estos principios de manera disciplinada en tu vida.

¡Confío en tu grandeza amigo lector, ya te vi accediendo a lo imposible!

CAPÍTULO 1: LO IMPOSIBLE Y SER CUÁNTICO

¿Qué es lo imposible? ¿Y qué tiene que ver la cuántica para tener acceso a lo imposible?
Veamos algunos conceptos:

• Imposible.- adjetivo. Que no puede ser, ocurrir o realizarse.

• Improbable.- adjetivo. Que es difícil o poco posible que sea, se cumpla, suceda o exista.

Fuente: Oxford Languages.

Hay una gran diferencia entre improbable e imposible; el primero se refiere a la probabilidad estadística u oportunidad determinada de que algo ocurra, que puede ser muy baja en un número de intentos o casos, pero aun así es posible. Por definición, improbable describe lo difícil que suceda, pero mantiene la posibilidad de que ocurra; mientras que imposible se remite a que esa probabilidad es cero.

Lo interesante es que cuando hacemos alguna innovación o cambio del contexto, logramos que lo imposible se convierta en improbable, en posible, aunque tenga un nivel estadístico bajo de probabilidad de éxito. Entonces abrimos una nueva categoría para relacionarnos con ese fenómeno. Así es como ha funcionado el mundo en relación con lo imposible como lo vamos a demostrar más adelante.

Considera que, así como ha sido para el mundo y que es demostrable en su historia, puede ser también para ti en tu vida, como también lo probaré posteriormente. Este libro tiene el propósito de llevarte a que lo captes y consideres siempre que hagas una lectura ordenada y disciplinada. Entonces, estarás en el camino para obtener la fórmula que te convertirá en un Ser Cuántico y accesarás a lo que hoy parece imposible para ti, para tu vida.

Más adelante voy a explicarte qué tiene que ver la cuántica en todo esto, aunque no pretendo ir a fondo con temas complejos, solo lo suficiente para dar una orientación sobre el poder de los principios cuánticos que están a tu servicio. De hecho, dedicaré un capítulo completo de apoyo para comprender más sobre los principios de la cuántica. Por ahora puedo adelantarte brevemente lo siguiente en forma sencilla y, en resumen:

La mecánica cuántica es una teoría física que describe el comportamiento de las partículas subatómicas a escala muy pequeña; es decir, a nivel de átomos y partículas más diminutas. Esta teoría cuenta con leyes y principios que son muy diferentes a los de la mecánica clásica, que se utiliza para describir el comportamiento de objetos macroscópicos como los que tú y yo podemos ver y tocar.

Una de las principales diferencias entre la mecánica clásica y la cuántica es que en ésta última las partículas pueden tener propiedades ondulatorias y corpusculares al mismo tiempo. Esto significa que pueden comportarse como ondas y como partículas separadas, dependiendo de cómo se les observe.

Atención con esto que repito: dependiendo de cómo se les observe, ya que este punto será relevante para explicaciones posteriores.

Además, la mecánica cuántica introduce la idea de incertidumbre, que sostiene que es imposible predecir con certeza el comportamiento de una partícula en un momento dado, pero pueden calcularse probabilidades de diferentes posibles resultados. Este principio también será muy destacado para explicaciones futuras. Este principio es muy diferente a la mecánica clásica que calcula con gran certeza el comportamiento de objetos a nivel macro, predice sus interacciones y resultados, solo que esas fórmulas y cálculos no funcionan con las partículas muy pequeñas.

La mecánica cuántica es esencial para entender muchos fenómenos en la naturaleza, como la estructura de los átomos y la energía que se libera en la fusión nuclear. También ha sido fundamental en el desarrollo de tecnologías importantes, como los transistores y los dispositivos de almacenamiento de datos.

En 2022 el Premio Nobel de Física se entregó a los científicos Alain Aspect, John F. Clauser y Anton Zeilinger por haber llevado a cabo experimentos innovadores que despejaron el camino para nuevas tecnologías basadas en la información cuántica usando para ello estados cuánticos entrelazados, donde dos partículas se comportan como una sola unidad incluso cuando están separadas y a grandes distancias.

Parte fundamental del entendimiento cuántico es el rol del observador que participa en su revisión a nivel muy micro, influyendo en el comportamiento y en los resultados del fenómeno observado. Entonces, el principio cuántico establece que el observador influye en la realidad demostrada y existen numerosas investigaciones que así lo avalan.

Pero ¿qué tiene que ver la cuántica con la posibilidad de utilizar sus principios para acceder a lo que ahora es imposible en tu vida? Vamos para allá: ten paciencia para ir construyendo un entendimiento que te dará mucho poder, ya verás que es sencillo entenderlo si caminamos paso a paso para utilizar esos preceptos en transformar tu vida y accesar a lo que hasta hoy te parece imposible.

Vamos al campo de lo humano. Resulta que, en el campo de la psicología y las neurociencias, algunos científicos empiezan a utilizar los principios de la mecánica cuántica para entender mejor los aspectos cognitivos del ser humano, su comportamiento y experiencia. De hecho, hay un nombre para esta nueva corriente de investigación: cuántica cognitiva.

La cuántica cognitiva es una aproximación interdisciplinaria que intenta aplicar conceptos de la mecánica cuántica a la psicología y la neurociencia con el fin de comprender mejor el funcionamiento del cerebro y cómo se relaciona con la conciencia y el comportamiento.

Esta aproximación sugiere que algunos procesos mentales, como la atención y la percepción, podrían tener una base cuántica y que la mecánica cuántica podría proporcionar una explicación para ciertos fenómenos psicológicos, neuronales e incluso cognitivos. Asimismo, abre la posibilidad para explicar los resultados diferenciados en la vida de ciertos grupos de personas que presentan patrones en su forma de enfocar su atención y percibir el mundo.

Además de los investigadores y científicos también hay educadores, escritores, líderes sociales, instituciones y organizaciones en todo el mundo impulsando movimientos de consciencia y potencial humano.

Lo fundamental de Ser Cuántico es utilizar principios de la mecánica cuántica a fin de acceder a los beneficios que estos principios pueden representar para ti, amigo lector, como ser humano, en tu vida, en ser creador de tu propia realidad y resultados. De entrar a lo que hoy te parece imposible. De hecho, ya eres cuántico, pero resulta muy poderoso que puedas utilizar los principios de manera consciente y con una intencionalidad. En este libro le llamaré Ser Cuántico al ser humano que logra utilizarlos para aplicarlos con beneficio e intencionalidad en su vida.

Ahora vamos a explorar qué es en la práctica y cómo ha sido lo imposible a lo largo de la historia del mundo. Existen ejemplos a lo largo de los siglos que se consideraban imposibles por ciertos entendimientos. La historia está llena de esto.

Pero nuevos entendimientos dieron paso a aquello que parecía imposible gracias al tiempo, la tecnología, el conocimiento, la investigación, los movimientos sociales, y muchos acontecimientos llenos de riesgos, de sacrificios de humanos y de comunidades enteras que dieron la vida por esos nuevos entendimientos cambiando aquello que parecía imposible.

Por cierto, muchos de estos entendimientos estaban contemplados como verdad absoluta desde la perspectiva de los seres humanos de ese momento específico. Muy similar a los actuales entendimientos que tienes sobre ti, los demás y el mundo que te rodea, pensando que son verdades absolutas como tú los percibes y experimentas. Pero ¿qué tal que solo son entendimientos que responden a factores sobre tu historia personal y al espacio social en el que naciste y has vivido? Eso lo estaremos explorando más adelante con profundidad.

Antes de empezar con algunos ejemplos determinemos el significado de la palabra entendimiento que hemos utilizado mucho y la seguiremos empleando. También exploremos lo que significa "verdad absoluta" que emplearemos constantemente como contraparte de "entendimiento".

• Entendimiento. Facultad de la mente que permite aprender, entender, razonar, tomar decisiones y formarse una idea determinada de la realidad.

• Verdad. Adecuación entre una proposición y el estado de cosas que expresa.

• Absoluta, absoluto. adjetivo. Que existe por sí mismo, independientemente de cualquier relación o comparación con cosas concretas. Ejemplos: belleza absoluta, verdad absoluta.

Fuente: Oxford Languages.

Verdad se refiere a una proposición que es comprobada y que coincide al revisar el estado de lo que se expresa; es decir, coinciden la proposición y el estado observado de esa cosa o fenómeno. Y es absoluta cuando no importa ninguna relación o comparación, ya que por sí misma esa proposición es verdad y no se puede modificar independientemente de cualquier otra cosa.

Así pues, exploremos algunos entendimientos que hemos tenido como humanos y que considerábamos verdad absoluta pero que, después comprobamos que solo eran resultado de una forma de observar derivada del entendimiento que teníamos de esa cosa o fenómeno. Estos ejemplos son relevantes para establecer una relación entre los entendimientos y lo imposible.

Entendimiento 1. La tierra es plana

Durante la Edad Media algunos escritores cristianos adoptaron la creencia de que la Tierra era plana, basándose en la interpretación literal de algunos pasajes de la Biblia.

Esta creencia se mantuvo durante algún tiempo como una verdad absoluta que influyó en promover temor a los marineros para que fueran más moderados al momento de alejarse de las costas. Afortunadamente, fue desacreditada por la evidencia científica y la observación empírica. A medida que se desarrolló la ciencia moderna se comprendió que la Tierra es en realidad una esfera achatada en los polos y ligeramente aplastada por los ejes.

Ahora podemos fácilmente entender al planeta Tierra como una esfera, pero en aquel momento muchos la consideraban plana, lo cual tuvo un impacto en la navegación. Esa "verdad absoluta" fue retada al encontrar evidencias y al tener nuevos "entendimientos", lo que modificó la forma en que los marineros se relacionaban con el mar, con las exploraciones, el comercio, etcétera.

Es interesante saber que antes de la Edad Media y de que se difundiera esta creencia sobre la Tierra siendo plana, muchos filósofos y científicos ya habían argumentado que su forma era esférica. Los antiguos griegos, por ejemplo, tenían una comprensión bastante precisa de la forma esférica de nuestro planeta. Eratóstenes de Cirene, un matemático y geógrafo griego del siglo III a.C., calculó el diámetro de la Tierra con una precisión sorprendente, utilizando las medidas de la sombra de un palo colocado en diferentes lugares y considerando el ángulo de los rayos del sol en el horizonte.

Aun así, la difusión del entendimiento: *la Tierra es plana* causó un gran impacto y credibilidad en ese momento. Mucho se atribuye al poder e influencia de la iglesia en aquella época y su interpretación de pasajes de la Biblia. De esta manera hacían prevalecer el control de algunos lugares infundiendo miedo en aquellos que tenían la idea de viajar y adquirir nuevos entendimientos de otros pueblos que pudieran poner en riesgo el control que ejercían las élites principalmente de la iglesia en ese tiempo.

Hasta aquí, una verdad absoluta claramente rebasada y sustituida por nuevos entendimientos.

Entendimiento 2. No es posible correr una milla en menos de 4 minutos

En el deporte hay muchos ejemplos; uno es el récord de correr una milla en menos de cuatro minutos que fue una barrera psicológica durante largo tiempo, y muchos atletas creían que nunca podría ser superada. Sin embargo, Roger Bannister fue un atleta británico famoso por ser el primer hombre en correr una milla en menos de cuatro minutos.

El logro de Bannister se produjo el 6 de mayo de 1954, cuando corrió la distancia de una milla en 3.59.04 segundos en el estadio de atletismo de Oxford. Fue un momento histórico, y Bannister se convirtió en una figura legendaria en el mundo del atletismo por este hecho siendo ampliamente reconocido como una de las mayores hazañas atléticas de la época.

En muy poco tiempo y con el progreso de la tecnología, la técnica de entrenamiento y, claro, con el rompimiento psicológico de la "verdad absoluta" que existía antes de Bannister, los atletas han logrado correr cada vez más rápido y han superado por mucho este récord histórico. En la actualidad, la milla de cuatro minutos ya no es considerada una barrera tan impresionante, siendo superada con regularidad por atletas de élite de todo el mundo.

Durante mi investigación, realizada en diciembre de 2022, el récord mundial para un corredor en una milla era de 3.43.13 segundos, establecida en Roma por el atleta marroquí Hicham El Guerrouj en 1999.

Entendimiento 3. La esclavitud es natural para mantener el orden económico y social

Otra "verdad absoluta" que lastimó severamente a muchos seres humanos por cientos de años fue la esclavitud. Su presencia ha existido en muchas sociedades a lo largo de la historia y ha sido considerada como una parte natural y necesaria de la economía y la sociedad. Muchos defensores de la esclavitud argumentaban que era necesaria para el funcionamiento adecuado de la sociedad y que era moralmente justificable. Su abolición fue un tema controversial y polarizado durante siglos y, de hecho, se consideró imposible de erradicar.

Sin embargo, a medida que avanzaba el tiempo y crecía el conocimiento y la comprensión de los derechos humanos, muchas personas lucharon por la abolición de la esclavitud, estableciendo que era una práctica inhumana y degradante que debía ser eliminada. Estos esfuerzos dieron frutos en muchas partes del mundo, aunque aún existen problemas de trabajo forzado y trata de personas en algunas regiones.

Ha habido muchos momentos clave en la lucha por la abolición de la esclavitud. Algunos de estos momentos incluyen:

• La Declaración de Independencia de Estados Unidos de Norteamérica, firmada en 1776, dictaminó que todos los hombres son creados iguales y que tienen derechos inalienables como vida, libertad y la búsqueda de la felicidad. Esta declaración se convirtió en una inspiración para muchos luchadores por la abolición de la esclavitud y fue precursora de los esfuerzos posteriores para abolirla.

• La Abolición de la esclavitud del Reino Unido: En 1833 aprobó la Ley de Abolición de la Esclavitud que le puso fin en todo el imperio británico. Esta ley fue un hito importante en la historia de la abolición de la esclavitud y ayudó a inspirar a otros países a seguir su ejemplo.

• La Guerra Civil de los Estados Unidos de Norteamérica (1861-1865) fue un conflicto importante en la historia de la abolición de la esclavitud de aquel país. El conflicto se libró principalmente entorno a la cuestión de la esclavitud y terminó con la victoria de los unionistas, que defendían su abolición. Como resultado se aprobó la 13ª Enmienda a la Constitución de los Estados Unidos que puso fin a la esclavitud y la servidumbre involuntaria en todo el país.

• La Conferencia Internacional de Berlín, celebrada en 1885, fue una reunión de representantes de varios países que se realizó con el objetivo de establecer reglas para el comercio y la colonización de África. Una de sus decisiones más importantes fue la prohibición del tráfico de esclavos, lo que ayudó a poner fin a la esclavitud en África.

Estos son solo algunos ejemplos de momentos clave en la lucha por la abolición de la esclavitud. Tal vez encuentres este entendimiento de abolición de la esclavitud como algo lógico que debe ser; sin embargo, te aseguro que, a lo largo de la historia y en muchas ocasiones, su desaparición fue considerada imposible.

Encontramos algo común en la historia de la abolición de la esclavitud: entendimientos considerados verdades absolutas sobre los humanos, el rol de la esclavitud para mantener una economía sana, entre muchos otros entendimientos que la justificaban. Con el tiempo y personas que tomaron riesgos de encontrar y promover nuevos entendimientos, incluso arriesgando su vida ante los intereses de poder establecidos, lograron romper el viejo entendimiento concebido como verdad absoluta, y obtuvieron lo imposible: abolirla.

Entendimiento 4. Las mujeres no son capaces de tomar decisiones importantes; por lo tanto, no deben participar en asuntos públicos, política o el voto

Otro tema afortunado de transformación en los derechos humanos y participación social ha sido la intervención de las mujeres en política, asuntos públicos y el derecho a votar y ser votadas. Es un tema que ha sido controvertido a lo largo de la historia. En muchas sociedades, las mujeres han sido excluidas de la vida política y de la toma de decisiones importantes y se les ha negado el derecho a votar y ser votadas.

En algún tiempo la participación de las mujeres en política y asuntos públicos fue considerada imposible debido a la creencia de que ellas no eran tan capaces como los hombres o no tenían las facultades para tomar decisiones importantes. Esta creencia se basaba en prejuicios y estereotipos de género que se han transmitido a lo largo de la historia y que han sido utilizados para justificar su discriminación y su exclusión.

Existen muchos momentos clave en la batalla por los derechos de las mujeres, pero algo es claro: las luchas tuvieron altos riesgos, incluso muertes, sacrificio de personas combatiendo por tener acceso a otra realidad.

Algunos de estos momentos claves incluyen:

• Sufragismo. Este movimiento de principios del siglo XX pugnó por el derecho al voto para las mujeres convirtiéndose en un tema de debate importante en muchos países que derivó en la aprobación de leyes que concedían el derecho al voto a las mujeres en algunas jurisdicciones.

• Sufragio femenino en el Reino Unido en 1918. Las mujeres en el Reino Unido obtuvieron el derecho a votar por primera vez solo si tenían más de 30 años y cumplían ciertos requisitos de propiedad. En 1928 se aprobó una ley que concedió el derecho a votar a todas las mujeres mayores de 21 años, lo que puso fin a la discriminación de género en el sufragio.

• Sin duda un momento muy importante fue el sufragio femenino en los Estados Unidos en 1920, que se aprobó en la 19ª Enmienda de la Constitución de los Estados Unidos de Norteamérica, concediendo el derecho a votar a las mujeres en todo el país. Esta enmienda puso fin a la discriminación de género en el sufragio y les permitió participar plenamente en la democracia estadounidense.

• Otro momento fue la conferencia de la ONU sobre el Estatuto Jurídico de las Mujeres, celebrada en 1953. Fue una reunión de representantes de varios países que se llevó a cabo con el objetivo de promover los derechos de las mujeres y la igualdad de género. Una de las decisiones más importantes de la conferencia fue la aprobación de la Declaración sobre la Eliminación de la Discriminación contra la Mujer, que estableció el derecho de las mujeres a participar en política y en asuntos públicos.

Es importante mencionar que aún existen momentos claves porque el proceso de un movimiento de las mujeres es diverso, complejo y permanente. Pero los ejemplos anteriores dejan en claro lo que significan los entendimientos cuando son considerados verdades absolutas, y cómo lo imposible de lograr en una sociedad o realidad es posible al arriesgarse y comprometerse desde un contexto de nuevos y distintos entendimientos, dando vida a lo que antes parecía imposible.

La buena noticia es que ahora sabemos que no son "verdades absolutas" sino solo entendimientos momentáneos de la realidad, maneras de ver la realidad, formas de entender cómo funciona el mundo y la vida y, por lo tanto, pueden ser modificados, transformados.

¿Cómo funcionan estos entendimientos y por qué no nos damos cuenta? ¿Porque son invisibles?

Cuando naces llegas a un espacio social determinado donde ya existen entendimientos; las personas que llegaron antes que tú "navegan", sin darse cuenta, en entendimientos que no cuestionan, o bien, aunque los perciban como entendimientos y no verdades absolutas, incluso así prefieren beneficiarse de ellos, promoviéndolos como verdades absolutas, tal como lo explicamos con el entendimiento de la tierra es plana.

Tú eres producto de haber llegado a un espacio social dado o determinado y adquirir ciertos entendimientos. Alguien te dijo de forma orgánica: "El mundo funciona de esta forma", "tú eres de esta manera y los demás son de esta otra", "esto es posible y esto es imposible". Insisto, muchas veces con buenas intenciones, pues se trata de tus padres, tus abuelos, tu familia, la escuela, las instituciones, las organizaciones de la sociedad, etcétera, ya que su intención es apoyarte.

Estoy seguro también que muchas otras veces hay un claro propósito de mantener el entendimiento porque brinda un beneficio a personas que tienen poder e influencia y que intencionalmente tienen el propósito de mantener las cosas como están. Se beneficiaron de que tú y los demás pensaran de esa forma y vieran el mundo como ellos querían que lo vieras, protegiendo y promoviendo con ello sus intereses.

De cualquier manera, en ambos casos, adquiriste esos entendimientos como verdades absolutas, sin cuestionarlos y, lo peor, la mayoría de las personas los mantienen aun cuando eso los limita, lastima o hace sufrir.

Si esos entendimientos te apoyan, está perfecto; pero si no lo hacen para que tengas acceso a lo que deseas, entonces aquí tienes la gran noticia: tú no eres así como aprendiste que eres, el mundo no es como aprendiste ni los demás son de la manera que aprendiste y que probablemente ahora consideras que es una verdad absoluta. Eso que ahora piensas y experimentas sobre ti, los demás y el mundo son solo derivados de entendimientos dados e, incluso, son temporales, si tu así lo eliges; precisamente, como los casos que hemos explorado de la historia del mundo.

Vamos a profundizar en esto más adelante en otro capítulo; por ahora mi intención es que puedas relacionarte con la realidad de una manera en la que sepas que es un entendimiento dado y no una verdad absoluta, lo que la sostiene es la forma de relacionarnos con esa supuesta "realidad".

Considera que lo que ahora parece imposible es solo temporal basado en esos entendimientos y, por supuesto, al modificarlos tienes la oportunidad de tener acceso a una realidad diferente, que ahora te parece imposible.

Entendimientos relacionados con la tecnología que han brindado acceso a una realidad que parecía imposible

Hay muchísimos entendimientos asociados a la tecnología de información que son ejemplos increíbles para sostener esta explicación que estoy compartiendo. A continuación, te menciono algunos ejemplos de eso.

1.- Verte por una cámara en mi reloj cuando estás a miles de kilómetros de distancia.

En la actualidad es posible hacer videoconferencias desde casi cualquier dispositivo conectado a internet, incluyendo computadoras, teléfonos móviles y hasta relojes inteligentes pues es una tecnología que ha evolucionado significativamente a lo largo de los años.

Por supuesto que, en algún tiempo, la videoconferencia era imposible debido a que no existían estos avances o a la complejidad de los mismos. Sin embargo, a medida que ha avanzado la tecnología y se ha masificado la conexión a internet, se ha vuelto cada vez más accesible y fácil de usar.

Hoy en día, la videoconferencia es una herramienta comúnmente utilizada para la comunicación entre personas a miles de kilómetros de distancia y es utilizada en una amplia variedad de contextos, desde reuniones de negocios hasta llamadas familiares. A pesar de que todavía existen obstáculos técnicos y de conectividad que pueden interferir en su calidad, ciertamente ha cambiado la dinámica social e impactado en la forma de colaborar en el mundo.

Lo mismo con casi todos los aspectos de la tecnología que ahora disfrutamos. Mi padre falleció en 1995, pero estoy seguro que si por alguna magia especial él volviera a 2023 se asombraría de lo que el mundo ha cambiado: la forma de vivir, de hacer negocios o comerciar, la manera como se informa la gente, se influye, se adquiere el conocimiento, etcétera.

2.- Comprar y vender a un desconocido que habla otro idioma y que vive a miles de kilómetros de tu ciudad.

La compra y venta de productos y servicios con desconocidos a través de internet ha existido durante algún tiempo y ha evolucionado significativamente a lo largo de los años en plataformas como eBay, Amazon, Mercado Libre, incluso ahora Facebook y muchas otras con diversas opciones seguras de pago sin tener que enviar dinero en efectivo o cheques por correo. Ni hablar de las criptomonedas porque ese es otro libro, pero no deja de ser asombroso.

Para personas como mi padre, mi abuelo o cualquiera de otra época que no les tocó esta tecnología seguramente le parecería imposible lo que hoy en día ocurre.

3.- Volar.

Para el hombre, volar era considerado imposible antes de que los humildes emprendedores y comerciantes de una tienda de bicicletas en Ohio, los hermanos Wright, realizarán el primer vuelo de motor en 1903. Orville y Wilbur, lograron volar por unos 12 segundos en un avión construido por ellos mismos, utilizando refacciones de su tienda de bicicletas. Llegaban agotados a casa tras largas jornadas de intentos en los que se golpeaban e iban de un fracaso a otro. Este logro revolucionario sentó las bases para el desarrollo de la aviación moderna y marcó el inicio de la era de la aviación.

En 1919 los aviadores británicos John Alcock y Arthur Brown completaron el primer vuelo transatlántico de la historia. Volaron de Terranova, Canadá, a Irlanda en un avión Vickers Vimy, estableciendo un hito importante en la historia de la aviación.

Hoy en día la aviación es parte normal de nuestra vida; incluso, hay personas que viajan en avión varias veces a la semana debido a su trabajo. Sería fantástico ver los rostros de Orville y Wilbur Wright si pudieran vivir solo un momento en esta época y contemplaran lo que es la aviación, pues ellos fueron parte cuando parecía imposible.

¿Qué es lo imposible entonces?

¿Te hacen sentido, amigo lector, los ejemplos de cómo lo imposible se volvió posible? ¿Qué es lo imposible? Tal vez como hemos visto en todas estas historias, lo imposible solo es un estado temporal de interpretación y experimentación de la "realidad" basado en un conjunto de entendimientos desde los cuales observas y experimentas la realidad. Son entendimientos, no "verdades absolutas".

Como sociedad y como individuos sistemáticamente nos empeñamos en continuar experimentando todos los días la vida manteniendo el principio, a todas luces ridículo o absurdo, de vivir como si lo "dado" o establecido fuera "verdad absoluta".

Incluso aquellas cosas que no funcionan del mundo o de nuestra vida las "tenemos" que aceptar porque así es la vida, el mundo o la realidad. Y terminamos adaptándonos a lo que nos hace sufrir y nos limitamos a pensar que no puede transformarse, empezando por nosotros mismos, haciéndonos pensar o sentir de la siguiente manera:

- "Yo soy indisciplinado, tímido, torpe, malo para el deporte, para leer, no se me da socializar o hacer amigos, los demás me van a criticar si digo algo", etcétera, etcétera, etcétera.
- "Yo no merezco ganar más dinero porque no quiero ser mala persona o no merezco tener el amor en mi vida porque estoy destinado a estar solo, yo no nací para amar y nadie nació para mí, soy insuficiente", etcétera, etcétera, etcétera.
- "El mundo está lleno de limitaciones, es escaso, no hay dinero, no hay oportunidades, cada vez pagan menos, ganar dinero es difícil; ya no existen hombres o mujeres confiables para hacer una familia", etcétera. etcétera, etcétera.

¿Qué es esto, entendimientos o verdades absolutas?

Estoy seguro que a estas alturas de la lectura puedes alcanzar a notar que todo lo que percibimos y pensamos son solo entendimientos y no verdades absolutas. Sin embargo, estoy comprometido a provocar que puedas captar a un nivel muy profundo y claro y que consideres el pensamiento crítico como una alternativa para darle oportunidad a ideas nuevas para validar lo que escuchas antes de adaptarlo como cierto.

Revisemos otra serie de entendimientos más de orden popular que marcan una forma de relacionarnos y la postura desafiante que hoy hacemos sobre ellos haciendo una transformación de la realidad como la vivimos. Acompáñame a explorar cómo hemos inventado nuevos entendimientos y, con ello, nuevas maneras de relacionarnos.

Entendimientos actuales y comunes que yo veo que muchos viven y los experimentan como verdades absolutas sin cuestionar.

Solo son algunos ejemplos explicados para que lo captes; pero considera que todo, absolutamente todo, es un entendimiento temporal.

1.- Los hombres son los proveedores del hogar, son fuertes para cazar; mientras que el rol de las mujeres es cuidar el hogar, esa es su misión divina, fueron creadas para eso. Sin embargo, hoy en día tenemos mujeres presidentes de países, ocupando puestos de influencia en políticas internacionales, dirigiendo empresas y organizaciones de clase mundial, científicas, atletas, por mencionar solo algunas opciones. Mujeres ocupando casi todas las funciones incluyendo las que antes solían ser solo para varones.

2.- No debes cuestionar nunca a ningún adulto; a mi padre no le fue posible cuestionar a su padre, o sea, mi abuelo. ¡Uf ni hablar de esto hoy en día! Ahora los niños que tienen acceso a la información cuestionan todo, incluyendo a los adultos, claro. Mi hija de 9 y mi hijo de 7 años nos cuestionan todo el tiempo a su mamá y a mí, haciendo preguntas inteligentes y yo poniendo más esfuerzo de mi parte en justificar una posición, en debatir una idea o un dato. Tengo la misma experiencia con mis hijos más grandes de edad, jóvenes que constantemente tienen ideas diferentes a las mías y las defienden con sus propios maestros en la universidad, amigos y familiares adultos. ¿Tienes una experiencia similar?

3.- El matrimonio es solo para personas de diferente sexo. Bueno, este entendimiento está dividido y continúa vigente en algunos segmentos de la sociedad. Sin embargo, ya existen países que, en su legislación, permiten el matrimonio a personas del mismo sexo e, incluso, contemplan la adopción con contextos similares o iguales a los matrimonios de diferente sexo. No digo que esto suceda en todo el mundo, pero el entendimiento es diferente hoy que hace 10, 20 o 50 años, de eso no hay duda. Estoy seguro que muchas personas con preferencias sexuales hacia personas del mismo sexo sufrieron mucho y es posible que nunca lo expresaran.

4.- Para poder triunfar en la vida es indispensable seguir el siguiente patrón: ir a la escuela, concluir una carrera profesional, trabajar toda la vida o el mayor tiempo posible en una empresa u organización para poder jubilarte y pensionarte con un retiro digno y exitoso.

Esto puede no ser la verdad que solía ser: ahora las personas prefieren trabajar en varias empresas u organizaciones, incluso al mismo tiempo y desempeñar distintos roles a lo largo de su vida laboral. Y los retiros con pensiones dignas ya casi no existen ni en empresas ni en el Estado para la mayoría de las personas con un empleo formal, mucho menos para las que trabajan en la informalidad que cada vez son más en todo el mundo derivado de la economía de conciertos, un tema que no profundizaré en este momento.

5.- Los mejores trabajos están en las empresas que ofrecen montos salariales más elevados. Bueno, este entendimiento también está en debate, siendo que algunas compañías están optando por una mezcla de monto medio con otros beneficios de flexibilidad y ambiente laboral atractivo como forma de compensación emocional. Muchas empresas han tenido éxito con esta estrategia, no son todas aún, pero es un entendimiento que empieza a renovarse y aplica en este ejemplo.

6.- A medida que pasa el tiempo la calidad de vida de las personas en el mundo es peor. Este es un entendimiento muy popular y generalizado que viene de los cambios generacionales. Las personas de una generación anterior suelen decir que antes la vida era más fácil, mejor y de mayor calidad.

Este entendimiento es reforzado por los medios de comunicación quienes destacan las malas noticias para llamar la atención de su audiencia. Es natural, a las personas les llama la atención las malas noticias como una forma de prevenir su sobrevivencia, de identificar riesgos y anticiparse para evitar sufrir o estar en problemas o peligro.

Lo cierto es que ese entendimiento ha venido cambiando, sobre todo en los segmentos bien informados como los académicos, intelectuales y de liderazgo, a medida que ahora se tienen datos sobre muchos aspectos de la calidad de vida a lo largo del tiempo.

Singularity University es un movimiento internacional con un campus central dentro de la NASA en California, Estados Unidos, que ha demostrado con datos que la calidad de vida de los seres humanos es mucho mejor actualmente y que a medida que avanzamos en el tiempo va progresando.

Peter Diamandis es un gran promotor de esta idea y podemos escuchar sus opiniones en sus presentaciones en TED Talks y otros medios. Tuve la oportunidad de conocerlo de cerca en el evento de Singularity University, realizado en San Francisco, California en 2019, y tomar un taller con él sobre cómo el mundo es cada vez más abundante.

- En general, los datos sobre algunos aspectos presentan un mundo de mayor bienestar y mayor número de personas que viven en un régimen democrático. De acuerdo con el Índice de Desarrollo Democrático (IDD) de The Economist Intelligence Unit, el porcentaje de la población mundial que vivía en regímenes democráticos fue de 53% en 1973 y había aumentado a más de 75% en 2018.

- La mortalidad infantil, definida como el número de muertes de niños menores de un año por cada mil nacidos vivos, cayó de más de 12% en 1990 a menos de 5% en 2020. Esto significa que, en las últimas décadas, cerca de 6 millones de niños han dejado de morir antes de cumplir un año, a pesar de que todavía son muchos los infantes que están en ese 5% principalmente de países en desarrollo y zonas rurales.

- Según datos de la Organización Mundial de la Salud (OMS), el índice de mortalidad materna se redujo de más de 400 mujeres por cada 100 mil nacidos vivos en 1990, a menos de 200 por cada 100 mil nacidos vivos en 2020. Esto significa que cerca de 3 millones de muertes maternas se han evitado en las últimas décadas a pesar de que muchas madres todavía pierden la vida en lugares con bajo acceso a servicios médicos.

• La disponibilidad de medicamentos esenciales ha mejorado significativamente en el mundo en las últimas décadas, lo que ha contribuido a la reducción de la mortalidad y la morbilidad por enfermedades evitables. Además, de acuerdo con datos de la OMS, cada vez más personas tienen acceso a tratamientos efectivos para padecimientos como el VIH/SIDA, el paludismo y la tuberculosis.

• Según la Organización de las Naciones Unidas para la Agricultura y la Alimentación (FAO), el acceso a agua potable ha aumentado considerablemente en el mundo en las últimas décadas. En 1990, 84% de la población mundial tenía acceso a agua potable, y ese porcentaje subió a casi 91% en 2015. Claro, todavía existen 900 millones de personas que no tienen el líquido vital, lo cual es terrible para efectos de lo que deseo transmitir en estos datos, pero muchas veces las percepciones y entendimientos son limitados y la información incorrecta y popular se difunde sin bases reales, y nosotros las adquirimos e, incluso, alegamos en alguna discusión sin tener los datos.

• La pobreza extrema se ha reducido notoriamente en el mundo en las últimas décadas. Según el Banco Mundial, este factor (definido como vivir con menos de $1.90 dólares por día), fue de 36% de la población mundial en 1990 a menos de 10% en 2015. Esto significa que cerca de mil millones de personas han salido de la pobreza extrema en las últimas décadas. Claro que es terrible y un desafío grandísimo que aún existen cerca de 650 millones de habitantes viviendo en pobreza extrema, la mayoría en países en desarrollo y en áreas rurales que, además, se enfrentan a desafíos como la falta de acceso a atención médica de calidad, educación y servicios básicos como el agua potable y el saneamiento. Pero de nuevo: adquirimos estos entendimientos populares como si existiera más pobreza extrema que antes y nos relacionamos con ellos como si fuera una verdad absoluta. Incluso, podemos llegar a justificar nuestra propia pobreza basada en ese entendimiento incorrecto considerado verdad absoluta.

• La esperanza de vida de los seres humanos ha aumentado visiblemente a lo largo de la historia. En el mundo antiguo era relativamente baja debido a factores como enfermedades infecciosas, guerras, hambrunas y otros desastres naturales. Sin embargo, a medida que han avanzado la medicina y han mejorado los niveles de vida, la esperanza de vida ha crecido. En el siglo XVIII, la esperanza de vida en Europa y América del Norte era de alrededor de 35 años. En la actualidad según el Banco Mundial, la cifra para Estados Unidos es de 76.1 años en hombres y 81.2 años en mujeres, y a nivel mundial es de 72.6 años para los hombres y 78.1 años para las mujeres.

7.- Hay menos dinero en el mundo y los millonarios cada vez son menos. Este es otro entendimiento que tomamos como si fuera una verdad absoluta. Revisemos los datos.

• El número de millonarios en el mundo ha crecido de manera notoria en las últimas décadas. Según datos del Instituto de Investigación de Millonarios de Capgemini, la cantidad de millonarios se elevó de unos 500 mil en el año 2000 a más de 21.5 millones en 2021. Esto significa que cerca de 21 millones de personas entraron a la lista de los ricos con un patrimonio neto de más de un millón de dólares.

• Aquí va otra forma de leer los datos del estudio de la misma fuente: se estima que en 2021 había cerca de 21.5 millones de ricos en el mundo con un patrimonio neto combinado de más de 100 billones de dólares. Esto representa un aumento de 57% en comparación con el número de millonarios en 2010, cuando se estimaba que había cerca de 13.7 millones de millonarios en el mundo.

• Algunos analistas consideran que las transformaciones tecnológicas han acelerado estos datos. Por supuesto que también hay cifras de enormes desigualdades, no trato de minimizar esta circunstancia y soy consciente que urgen políticas de mayor igualdad para reducir la brecha entre los que más y menos tienen. Tampoco pretendo insinuar que el dinero es símbolo de felicidad y éxito, el único propósito es continuar con la lógica que he venido explicándote, amigo lector. Cuidado con esos entendimientos populares que luego tomamos como verdad absoluta. El número de millonarios sigue aumentando, las oportunidades de tener acceso a la abundancia hoy en día son muy posibles, solo hay que girar algunos entendimientos, y ese es precisamente mi trabajo contigo en este libro.

Este proceso de compartir algunos entendimientos populares y rotarlos a partir de datos no pretende establecer que ahora estas afirmaciones que defiendo o propongo son una verdad absoluta, pues tengo la reserva de que más adelante cambie mi idea sobre ellas. Solo deseo mostrarte un criterio o procedimiento de "pensamiento crítico" que apoya el ir transformando nuestros entendimientos que adquirimos sin cuestionarlos y elegir criterios o entendimientos con mayor soporte, al menos en este momento.

Esto es muy relevante para que empieces a darte cuenta sobre el típico entendimiento que tradicionalmente adquirimos de la masa, del espacio social en el que interactúas sin siquiera cuestionarlo y, muchas veces, sólo considerándolo como verdadero, o bien, sustentado cualquier entendimiento, más si este nos pone limitaciones o nos resta poder.

Ejemplo de eso es el racismo, actitudes homofóbicas o cualquier tipo de discriminación por condición económica, pensamientos distintos, o estilos de vida diferentes, religión, etcétera. Son actos o actitudes derivadas de la adquisición de entendimientos sin siquiera cuestionarlos y ponerlos en razonamiento o considerar diversas posiciones. Nos dejamos llevar y, ciertamente, juzgamos, lo que nos limita a lograr mejores relaciones con otras personas que podrían agregar valor a nuestra vida. Es sabido que una persona exitosa tiene la capacidad de relacionarse con otras que piensan diferente y ello le proporciona mayores posibilidades de aprendizaje para seguir considerando nuevas posiciones.

Esto es un ejemplo claro de que el pensamiento crítico nos apoya a mejorar nuestros entendimientos que, a su vez, nos sirve para mejorar nuestras relaciones, lo cual nos lleva a fortalecer formas de ser que nos dan acceso a una realidad llena de nuevas posibilidades, donde quizá se encuentre lo que ahora te resulta imposible en tu vida.

Recursos Del Capítulo.

• Video del momento en que Roger Bannister rompió el récord de correr una milla en menos de 4 minutos.

- Video reportaje de los hermanos Orville y Wilbur Wright, innovadores de la aviación.

- Conferencia TED de Peter Diamandis sobre cómo hemos aumentado la calidad de vida en el mundo.

Peter Diamandis es un emprendedor y visionario de la tecnología y la innovación. Es el fundador y CEO de la compañía de exploración espacial y tecnología, Planetary Resources, así como el cofundador y presidente ejecutivo de la Fundación XPrize, una organización sin fines de lucro dedicada a fomentar la innovación y el progreso a través de incentivos y recompensas. También es fundador y presidente de la Abundance 360, una comunidad de líderes empresariales y visionarios que se centra en la creación de soluciones disruptivas para los desafíos globales más apremiantes.

Diamandis es conocido por su trabajo en el campo de la exploración espacial y la tecnología, así como por su enfoque en la innovación y la creación de soluciones a gran escala para problemas globales. Ha escrito varios libros, incluyendo *Abundance: The Future Is Better Than You Think* y *The Future is Faster Than You Think*, en los que aborda temas como la tecnología, la innovación y cómo estas pueden cambiar el mundo.

Ejercicios Del Capítulo.

Te invito a hacer un resumen de lo que aprendiste en forma más práctica, respondiendo las siguientes preguntas de manera honesta y profunda sobre tu vida. Reflexiona sobre cómo aplica a tu vida lo que hemos aprendido en este capítulo:

● ¿Tiendes a validar tus entendimientos considerando nuevas posiciones y retando tus actuales entendimientos? ¿Eres consciente y experimentas la vida como si tus entendimientos fueran la verdad absoluta de cómo funciona el mundo y la vida?

● Enlista los entendimientos que has practicado sobre ti que podrían limitarte.

● Enlista los entendimientos que has practicado sobre los demás y qué podrían limitarte.

● Enlista los entendimientos que has practicado sobre el mundo o la vida, de cómo es o cómo funciona y que podrían limitarte.

● En cualquier caso, reflexiona cómo sería tu vida si fueras más cuidadoso con el tipo de entendimientos que tienes sobre ti, sobre los demás y sobre el mundo. ¿Qué pasaría si los reflexionaras mejor y seleccionaras nuevos entendimientos que te puedan apoyar a acceder a nuevas posibilidades, a un espacio para relacionarte contigo, con los demás y con el mundo de una forma poderosa, valiosa y ganadora para ti?

● Enlista, investiga o solo decide y escríbelos: ¿Cuáles son esos nuevos entendimientos que estás comprometido a integrar en tu vida desde ahora mismo?

CAPÍTULO 2: NUEVOS ENTENDIMIENTOS Y NUEVA OPORTUNIDAD DE SER EN EL MUNDO

E s fundamental que en este momento de la lectura identifiques claramente que en caso de que exista alguna verdad absoluta, los seres humanos no tenemos acceso a ella, solo a entendimientos conformados por lo que experimentamos, percibimos, sabemos, conocemos del mundo, del universo, de la vida en un momento dado, en un espacio cultural dado, en un entorno familiar y relacional dado.

Estos entendimientos nos permiten aprender, entender, razonar, tomar decisiones y formarnos una idea determinada de la "realidad". Por ello vale la pena tener entendimientos que nos empoderen y estar conscientes que no son verdades absolutas, sino solo entendimientos; estar abiertos a girarlos o considerar nuevos cuando, por medio de nuestro pensamiento crítico, encontremos entendimientos con más elementos que podemos validar... o bien, también podemos inventarnos nuevos entendimientos y buscar que nos empoderen o preparen de mejor forma para relacionarnos con el mundo de una manera ganadora.

Los entendimientos que tenemos de nosotros, de los demás y del mundo determinan la forma en que nos relacionamos con nosotros mismos, con los demás y con el mundo. Y la forma de relacionarnos define quiénes somos en un momento dado, y quiénes somos nos da acceso a la realidad en la que vivimos, que tú mismo estás generando por la forma de relacionarte con ella.

Un poco de filosofía

Un apoyo fundamental para entender esto es la filosofía que es clave para comprender de dónde viene todo este poder que este libro te ofrece. Es increíble cómo nuevos entendimientos te empezarán a generar poder personal. Ya lo irás experimentando en próximos capítulos cuando llegue el momento.

Ahora no te explicaré mucho de filosofía porque tengo para ti un capítulo para explicarte más en detalle sobre ella y cómo puede apoyarte en este proceso de acceder a lo imposible.

Solo te diré lo más fundamental para orientarte pues existe una corriente filosófica que propone algo muy poderoso para este proceso: el ser humano —o sea tú y yo—, no somos seres fijos, no tenemos una esencia preestablecida, un propósito determinado, tipo misión, de qué hacer en el mundo.

Desde la reflexión de la filosofía clásica, desde donde la mayoría de las personas hemos ocurrido y solemos ocurrir, existe el macro entendimiento de un ser humano con un propósito inherente, preestablecido, previamente determinado de su rol en el mundo, un ser humano fijo.

En su lugar, una corriente filosófica llamada existencialista propone que somos la manera en que nos vinculamos con el mundo en un momento dado, tal como lo he mencionado antes. O sea, somos variables y tenemos la posibilidad de elegir cómo relacionarnos con el mundo, de elegir nuestro rol y propósito. Identifica que la forma de conectarte con el mundo depende de tus entendimientos como ya lo he explicado. Y que al girar de un entendimiento en el que el ser humano tiene un propósito inherente a otro en donde no lo tiene un propósito inherente, sino que puede escogerlo hace una enorme diferencia.

¿Puedes ver que todo es solo un entendimiento y no la verdad absoluta? Si lo puedes considerar, entonces podrás transformarte al igual que a tus entendimientos sobre el mundo y relacionarte con él de una forma que te pueda funcionar, dándote acceso a lo que hoy te parece imposible.

La filosofía es una disciplina que se ocupa de la reflexión crítica sobre los conceptos fundamentales que rigen nuestra vida y nuestro entendimiento del mundo. Estos conceptos incluyen la existencia, la verdad, la realidad, la moral, la mente, la razón y el lenguaje. La filosofía también se interesa por cómo se pueden resolver problemas fundamentales y cómo se pueden alcanzar respuestas a preguntas fundamentales.

La filosofía se divide en varias ramas, cada una de las cuales se centra en una serie de preguntas y problemas específicos. Algunas de las ramas más conocidas de la filosofía incluyen la lógica, la ética, la metafísica, la epistemología y la estética. La filosofía también tiene una larga historia y ha sido influyente en otras disciplinas, como la política, la economía y la psicología.

El existencialismo es una importante corriente de la filosofía que sostiene los principios que nos van a apoyar, junto con los principios de la mecánica cuántica, a que tengas acceso a lo imposible. Insisto que te hablaré a detalle más adelante, pero por ahora te explicaré brevemente sobre el existencialismo como corriente filosófica en la que nos apoyaremos.

El existencialismo es una corriente filosófica que se centra en la existencia humana y en cómo esta existencia es vivida. Los existencialistas sostienen que el ser humano es libre y responsable de su propia vida y que debe tomar decisiones y asumir la responsabilidad de sus acciones.

Los existencialistas creen que la vida no tiene un propósito o significado inherente, sino que el significado y el propósito son creados por el individuo. Por lo tanto, se centran en la libertad y la responsabilidad individual y en la importancia de vivir de manera auténtica y significativa. Vivir de manera auténtica implica pasar por el oceáno de los entendimientos colectivos manteniendo tu singularidad, convicciones y compromisos sin ser influido para obtener un beneficio social o solo por "encajar" en ese espacio social. Saber que moriremos y percibirnos mortales podria apoyarnos a vivir de manera auténtica.

Algunos de los filósofos más importantes del existencialismo incluyen a Søren Kierkegaard, Jean-Paul Sartre, Martin Heidegger y Friedrich Nietzsche. Esta corriente ha influido en varias disciplinas, incluyendo la literatura, el teatro y la psicología.

Existen varios principios que nos apoyarán y es preciso que entiendas los siguientes: no tenemos un propósito preestablecido o inherente y somos nosotros que tenemos la posibilidad de elegirlo; en este sentido, lo que determina quiénes somos es la manera en que nos relacionamos con el mundo en un momento preciso. Esto es: no estás determinado a seguir siendo como hasta ahora has sido. Y el que has sido, no es el que eres ahora; lo eres solo si lo continúas eligiendo así.

Te estarás preguntando, entonces ¿cómo puedo elegir ser alguien distinto en ciertas cosas que no me funcionan o que deseo en mi vida, a las que todavía no tengo acceso? Y la respuesta es relacionándote de otra manera con esas cosas que no te funcionan, o sea, con esas circunstancias como el dinero, el tiempo, con tu trabajo o emprendimiento, con tus clientes, socios o colaboradores, con tus relaciones familiares o de amigos, con la comunidad, con el planeta, con todo en realidad, por supuesto con ello que no funciona aun en tu vida como tú lo deseas.

Digamos que quienes somos nos brinda acceso a la realidad que experimentamos. Fíjate muy bien que utilicé la palabra acceso y es clave porque indica que existen ya varias realidades en forma de posibilidades, y depende de quién eres tú lo que determina tener o no entrada a lo que deseas, o bien, mantenerte en la actual realidad.

• Acceso. 1. Acción de llegar a un lugar. 2. Lugar por donde se entra o se llega a un sitio.
Fuente: Oxford Languages.

Si entendemos la definición de acceso podremos notar que ese lugar considerado ahora imposible en realidad ya existe, ahora hay que buscar la forma de llegar a ese espacio.

La solución también viene de utilizar principios de la mecánica cuántica, ya hay varias realidades posibles ocurriendo en diferentes espacios cuánticos, pero se requiere dar un salto cuántico para acceder a ellos.

Salto cuántico: Un poco de mecánica cuántica para fortalecer la idea del acceso y aplicarlo a lo conductual

El salto cuántico es un fenómeno que ocurre en el ámbito de la física cuántica, que es un cambio súbito y discreto en la posición, el momento o el estado de una partícula cuántica, como un electrón o un fotón, derivado de un cambio de energía, ya sea por aplicación o por liberación de energía.

Un salto cuántico es diferente de un movimiento continuo y suave que podría ocurrir en el mundo macroscópico, que estudia la física clásica, y que percibimos a simple vista. En lugar de eso, el salto cuántico es un cambio brusco y abrupto que se produce sin pasar por los estados intermedios.

Si aplicas este principio en tu vida, generarás la probabilidad de acceder a diferentes realidades según puedas ser capaz de dar un salto cuántico, y ello implica dar un salto de fe, un salto a la incertidumbre, un salto tomando riesgos hacia lo desconocido, ese es el espacio donde habita la posibilidad de lo que ahora te resulta imposible.

Lo que no sabes que no sabes es el espacio más grande donde pueden existir enormes posibilidades. Solo piensa en todos los entendimientos que dominas, luego en todos los entendimientos que conoces que no dominas, pueden ser muchos, pero ni siquiera podrías imaginar los entendimientos que no sabes siquiera que existen.

Entrar en ese espacio requiere que te pongas en riesgo, es un lugar desconocido para ti. Tu vida ha ocurrido alrededor de entendimientos que conoces y que dominas, o bien, que sabes y aunque no controles podrás encontrar racionalidad y buscar a alguien que los domine —o tu trabajar en aprenderlos —, con la certeza de saber a dónde te llevaran antes de regularlos. Por supuesto eso está muy bien, son los cambios suaves y continuos del mundo macro que percibimos, y que estudia la física clásica, pero no puede compararse el espacio tan inmenso de posibilidades que habitan en todo lo que no sabes que no sabes. Es ahí donde habita lo que ha sido lo imposible para ti hasta hoy. Para acceder a este espacio se requiere un salto cuántico.

Se le atribuye a Albert Eistein la frase: *"Locura es continuar haciendo lo mismo y esperar resultados diferentes"*.

Para lograr estos resultados que ahora no has tenido, considera hacer lo que nunca haces. Más adelante te apoyaré a que termines de entenderlo y provocar que tomes el riesgo y, con ello, accedas a lo que hasta ahora te resulta imposible. La filosofía nos sirve para tomar el riesgo ya que vivir de manera auténtica supone que eres consciente que vas a morir, y vives considerando lo inevitable, y ante tu muerte ¿qué sentido tiene no tomar esos riesgos?

Es importante detenernos para entender a qué se refieren las palabras claves que estamos utilizando: acceder a lo que hasta ahora ha sido imposible para ti llevar a tu vida, y hacer un salto cuántico que como he explicado requiere tomar riesgo.

- Acceder. verbo intransitivo 2. Tener acceso o entrada a un lugar.

- Riesgo. 1. Posibilidad de que se produzca un contratiempo o una desgracia, de que alguien o algo sufra perjuicio o daño. 2. Situación en que puede darse esa posibilidad.

Fuente: Oxford Languages.

Te estoy brindando un contexto explicativo profundo porque creo en tu grandeza, querido lector, creo en tu capacidad de entendimiento y, sobre todo, porque mi deseo no sólo es motivarte, sino comprometerte a que tomes ese riesgo y tomes sus consecuencias. Esto te brindará acceso a lo que hasta ahora te ha sido imposible en tu vida. En la filosofía que te compartiré, tomar ese riesgo es parte de la vida, significa vivir.

Es el compromiso lo que te llevará a dar ese salto cuántico en tu vida

Verás que la motivación es diferente que el compromiso. La motivación suele durar muy poco y el ser humano por naturaleza es un ser emocional: a veces estás motivado y echado para adelante, pero otras veces estás totalmente sin ganas de nada. Si actuamos en función de la motivación tenemos un bajo nivel de probabilidad de ser consistentes, resilientes. Pero si dominamos la virtud del compromiso y somos compromiso total, entonces no importa si tenemos ganas o no, lo hacemos porque dijimos que lo haríamos, aun cuando no encontremos las razones que nos motiven en un momento dado.

La mente tiende a jugarnos de forma muy audaz y cuando no estás motivado de repente no encuentras razones para llevar a cabo las acciones, o bien, buscas las excusas para no hacerlo. Tu mente es muy inteligente y te apoya a mantenerte en tu espacio seguro, en tu lugar cómodo. Estar consciente de ello y hacerlo desde el compromiso es la manera de construir la posibilidad de acceder a lo imposible. El tema del compromiso también lo veremos con más detalle en próximos capítulos, por ahora considera que es el compromiso y no la motivación la receta secreta para realizar saltos cuánticos en tu vida y acceder a lo que ahora resulta imposible.

Entendimientos clásicos o tradicionales de los cuales venimos son los que hacen difícil o contraintuitivo dar saltos cuánticos

Entiendo que esto puede resultar confuso y difícil de digerir. Tenemos toda una vida con otro entendimiento; es más, hemos vivido en una cosmovisión con un paradigma distinto desde nuestros padres, abuelos y toda su descendencia, que viene desde la física clásica en donde hay certeza y todo ya está determinado. Los saltos cuánticos no existen en el entendimiento de la física clásica. Isaac Newton es uno de los científicos clásicos más importantes de la historia y es conocido por sus importantes contribuciones. Sus más importantes propuestas fueron presentadas en 1687, o sea, hace más de 335 años y, desde esos tiempos ha sido tal su gran influencia que ha impactado toda nuestra forma de pensar como sociedad, formando un contexto de entendimiento global de cómo funciona el mundo a partir de lo que él propuso hace más de tres siglos.

También venimos de una filosofía clásica de gran influencia dominante con las ideas de René Descartes y de su obra El *Discurso del Método* de 1637. Es considerado uno de los representantes más importantes de la historia de la filosofía occidental, conocido por su famosa frase *pienso, luego existo*, que se encuentra en *El Discurso del Método*. En esta obra, Descartes presentó una serie de ideas y argumentos que sentaron las bases de su filosofía y que han tenido una gran influencia en el pensamiento filosófico y científico occidental.

Hemos estado sumergidos viviendo dentro de las ideas de Descartes como cosmovisión o gran paradigma por más de 385 años. Y de la física clásica más de 335 años. Es claro y no debe ser sorpresa que tu lógica e intuición se relaciona con estas posiciones.

Hemos estado inmersos en estos importantes entendimientos como paradigmas globales, nos ha condicionado a que te entiendas y experimentes como si fueras un ser fijo, con un propósito ya inherente, un ser que viene definido desde antes de nacer. Sin embargo, podremos notar, como lo hacen los historiadores, que René Descartes vivió en un contexto determinado en el que la iglesia tenía un dominio político muy influyente, y esto tuvo que ver en su pensamiento filosófico.

Entonces también podremos ver cómo estos entendimientos apoyaron al poder político de la iglesia, controlando y promoviendo que las personas tenían ya un propósito divino y deberían obedecer a la iglesia para construirlo aquí en la tierra y ser compensados al morir para llegar al cielo. Quienes cumplan ese propósito y vivan de acuerdo con los entendimientos de la iglesia y de Dios entonces tendrán acceso al reino celestial.

Un entendimiento, no la verdad absoluta, que corresponde a un tiempo, a una época precisa con un contexto histórico determinado. Uno en el que hay actores que tienen interés en que se piense y se viva de cierta manera. Por supuesto, esa no tiene que ser la forma permanente de entender el mundo. Nuevos entendimientos abren nuevas posibilidades de vivir y de percibir la realidad. Si entendemos esto podemos estar alertas y empoderarnos al elegir nuestros propios entendimientos, además de ser conscientes del marco, paradigma o cosmovisión en la que estamos sumergidos. Dentro de ese macro entendimiento podemos acceder a un pensamiento crítico, cuestionando, validando, abriendo posibilidades constantemente.

Estoy seguro que va ir quedando más claro a medida que avancemos con ejemplos y explicaciones más sencillas. Por ahora te invito a ser paciente para continuar tu lectura e ir asimilando que todo lo que consideras como verdad absoluta es un entendimiento. No se trata que sea bueno o malo, tampoco que requieras cambiarlo todo. Por ahora basta entender que tú y yo vivimos dentro de un océano de entendimientos, algunos que nos limitan, mientras que otros podrían empoderarnos.

Lo que viene a continuación te dará acceso a un poder que antes no tenías, te dará entrada a crear lo que hasta hoy ha sido imposible en tu vida. Así que piensa y siente que ya tienes ese poder, así tu lectura será incluso desde otro espacio.

Nueva forma de relacionarte con el mundo

Un nuevo entendimiento poderoso es que eres un ser variable que puede inventarse como lo elijas; de hecho, quién has sido hasta ahora también es solo un invento, tal vez inconsciente y no intencional, pero un invento al final del día. Entonces ¿no crees que conviene reinventarte de manera consciente e intencional para tener acceso a la vida que deseas? Pues manos a la obra.

La nueva forma de relacionarte con el mundo que voy a enseñarte consiste en vincularte con él desde tu ser del futuro que ya tiene lo que deseas. Entonces al modificar esa manera de relacionarte con el mundo en el presente creas una nueva realidad o resultados diferentes. Ello involucra el tiempo, que es otro entendimiento en donde la cuántica puede apoyarnos.

Te explicaré de esta forma: considera que tu nueva realidad ya existe como una posibilidad en el futuro, pues venir del futuro también es una alternativa que puedes experimentar. Claro, esto es contraintuitivo porque estás acostumbrado a venir del pasado, como la mayoría de los humanos lo estamos. Sin embargo, recuerda que es solo un entendimiento, ya que tenemos la alternativa de venir del futuro y podemos hacerlo para abrir posibilidades a una nueva realidad.

Imagina con todo detalle que ya accediste a ese espacio e identifica claramente qué nuevos entendimientos tienes y cómo desde ahí te relacionas con esos aspectos que ahora no te funcionan como tú lo deseas: familia, dinero, tiempo, relaciones, salud, disciplina, proyectos, ventas, liderazgo, expresar tus ideas, el amor, etcétera.

El salto cuántico es relacionarte con ello de una manera como si ya tuvieras el resultado: ¿Quién eres tú teniendo ya acceso a esa realidad?

Se trata de imaginarte ese futuro imposible accediendo a él, e identificando ¿cómo eres tú en ese futuro?, ¿qué entendimientos tienes?, ¿cómo te relacionas con ello? Y luego regresar al presente para comportarte como quién eres en ese futuro o espacio a donde ya has accedido a vivir lo que antes fue imposible para ti. Hacerlo y relacionarte de esa forma te comprometerá a lograr el salto cuántico de tu vida.

Mi mentor y amigo Alain Michaus, que domina este conocimiento y es facilitador de entrenamientos para fomentar la transformación en sus estudiantes, frecuentemente dice:

"fíngelo hasta que te lo creas tú mismo y se lo crean los demás". Es tu ser del futuro quien ha logrado crear esa realidad por la forma en que te relacionaste con eso que transformaste, así que cuando el tú del ahora se relacione de esa manera tendrás acceso a esa misma realidad.

Claro que tu imaginación de cómo te comportas en ese espacio o futuro puede no ser precisa. Por supuesto que tu forma de actuar podrías no ejecutarla con tal perfección como lo hace tu ser del futuro, pero es ahí donde no hay garantías, puede haber fracasos, riesgos para ti, ya que nunca has estado en ese espacio o en ese futuro imposible. Pero si fallas, lo vuelves a intentar tomando toda la retroalimentación de los resultados. Recuerda que el feedback es siempre tu mejor maestro.

No te dejes llevar por el feedback inmediato de tu propia mente, ya sabes que ella te quiere proteger para que no estés en riesgo. La has entrenado por años para identificarse con los actuales entendimientos y está diseñada para mantenerte en un espacio seguro y garantizar que sobrevivas.

Existen estrategias que seguimos para mantenernos seguros en sobrevivencia, algunas de estas estrategias pueden ser: tener la razón, mantener el control, lucir bien socialmente, evitar el dolor o incomodidad a toda costa y tener siempre las excusas perfectas para justificarnos.

Por ello es clave considerar que esas estrategias van a surgir en el momento que te sientas en peligro, y recuerda que acceder a una nueva realidad requiere un salto cuántico que es tomar un riesgo.

También ten cuidado con lo que los demás te dicen en forma

no alineada, recuerda que hay entendimientos sociales que has adquirido en parte por las personas que te rodean. Es común que puedan percibir amenazas al saber que estás practicando alrededor de nuevos entendimientos. Aun así, considera su retroalimentación, pues muchas veces son estas personas quienes te dan la clave, y si encuentras patrones de lo que te dicen, eso te apoyará a entender nuevas oportunidades para hacerlo de una manera diferente que te de acceso al resultado que buscas.

Aprende de quien ya está viviendo una realidad similar a la que deseas acceder

Como te he mostrado se trata de imaginar esos nuevos entendimientos estando ya en ese futuro o espacio hasta ahora imposible para ti. Pero puedes por supuesto ser más asertivo si observas a personas que ya están ahí, que tienen acceso a esos resultados o parecidos, que ya viven en esa realidad. Esta movida es muy inteligente y puede ahorrarte mucho tiempo.

Digamos que tu imposible tiene que ver con acceder a tener una familia unida, amorosa, con determinadas características que hasta este momento no has podido lograr. En este caso como ejemplo pregúntate: ¿cómo es una persona que tiene una hermosa familia, cómo se relaciona con su esposa, con sus hijos, qué acuerdos ha creado o promovido entre ellos, cómo los escucha y cómo genera un espacio de ganar-ganar en los que todos están gratamente conviviendo y respetando esos acuerdos con amor. Y observa a esas personas que consideras que viven esa realidad, convive con ellos y busca entender cómo piensan, cuáles son sus entendimientos, cómo se relacionan con su familia, en fin, cómo lo hacen en todos los detalles.

Haz lo mismo sin importar si tu nueva realidad deseada a la que vas a acceder tiene que ver con la abundancia y prosperidad, uso de tiempo y efectividad, relaciones públicas, éxito empresarial o financiero, salud y disciplina en alimentación y ejercicio, o cualquier otro aspecto de una nueva realidad que tu estés comprometido a acceder. Reúnete con esas personas, busca convivir algún tiempo, obsérvalos, estúdialos y copia sus entendimientos y formas de ser en relación con ese aspecto al cual ya tienen acceso.

Recuerda la fórmula que recomienda y que te compartí de uno de mis mentores y amigos, Alain Michaus: finge esas prácticas y formas de ser hasta dominarlas y que tú mismo te las creas y, fundamentalmente, que te las crean los demás.

No olvides que tú eres la forma en que te relacionas con el mundo y al acceder a nuevas maneras de ser se pagan precios, al salir de la zona o espacio acostumbrado, seguro te vas a incomodar, estarás en riesgo ante tus viejos juicios y entendimientos y tu mente irá a tu rescate al percibir ese peligro que sufren tus maneras acostumbradas de ser. Recuerda que no es que seas así permanentemente o por esencia divina o preexistencia o inherencia, pero reconoce que llevas años entrenando en ser como has venido ocurriendo hasta ahora.

Tu observación interviene en cocrear tu realidad

Vienes de un espacio con una "realidad" dada y has adquirido entendimientos que le dan soporte y que operan en ese espacio, incluso inconscientemente y sin cuestionar, te has relacionando con el mundo, contigo mismo y con los demás, desde esos entendimientos. De esta manera, has entrenando a tu mente y a tu forma de observar condicionada por dichos entendimientos. En otras palabras, lo que observas y hasta ahora puedes apostar que es real, lo es en la medida que sigues participando en esa forma de contemplar.

Un gran maestro del potencial humano, Wynne Dyer, lo ponía en estos términos: *"Cuando cambias la forma de ver las cosas, las cosas que ves cambian".*

Aquí podemos utilizar de nuevo los principios de la mecánica cuántica, la cual ha descubierto que el observador está constantemente participando en la realidad de lo observado y sus características intrínsecas y posiciones.

Te lo explico de esta forma. En la mecánica cuántica se ha demostrado que el acto de observar un sistema físico puede afectar el comportamiento del mismo. Esto se debe a que, en la mecánica cuántica, las partículas no tienen una posición o velocidad definidas hasta que son medidas. Antes de ser medidas, las partículas se describen mediante una función de onda, que es una herramienta matemática que detalla la probabilidad de encontrar la partícula en una determinada posición.

Cuando un observador mide la posición de una partícula, la función de onda colapsa y la partícula adquiere una posición definida. Este proceso se conoce como reducción del paquete de onda.

Esto significa que el acto de observar un sistema cuántico puede cambiar el comportamiento del mismo, ya que la observación afecta a la función de onda y, por tanto, a la posición de las partículas. Esto es conocido como el principio de incertidumbre de Heisenberg, que establece que es imposible determinar con precisión, tanto la posición como la velocidad de una partícula al mismo tiempo.

En resumen, en la mecánica cuántica, el acto de observar un sistema puede afectar su comportamiento debido al principio de incertidumbre de Heisenberg y al proceso de reducción del paquete de onda.

Como te he explicado antes, existe un área naciente como corriente científica cognitiva, llamada mecánica cuántica cognitiva, que sugiere con varias investigaciones desde la neurociencia en proceso, que nuestro cerebro funciona en un espacio muy similar al espacio cuántico. Y esto sucede a pesar de que ha sido entrenado a que seamos conscientes solo del mundo a nivel macro, que es la manera en que percibimos el mundo con nuestros sentidos. No obstante, algunos estudios sugieren que los principios de la cuántica pueden aplicar en gran medida a la manera de interactuar con la realidad que nos rodea, con el universo del que somos parte.

Entonces considera que tu observación ha tenido y tiene una gran influencia de continuar y mantener que tu realidad sea como es hasta hoy. Si cambias la forma de observar darás pauta a encontrar nuevos elementos en la realidad, que ya están ahí pero no son visibles ante tu actual forma de observar porque vienen de los entendimientos que has adquirido hasta hoy y de la manera de relacionarte con esa realidad desde esos entendimientos.

Este capítulo, amigo lector, está lleno de nuevas posibilidades para ti. Espero que alcances a percibir este gran regalo frente a tus ojos, se trata de girar entendimientos y formas de relacionarse con la supuesta realidad, observando desde un espacio distinto. Entonces primero observas y actúas como si ya estuvieras en ese espacio y, por ende, esa forma de observar y de relacionarte con los elementos de ese "nuevo espacio" te brinda la magia del acceso a tu nueva realidad, la cual ha sido imposible acceder para ti hasta hoy.

Mientras escribo, vuelvo a leer el párrafo anterior y simplemente me parece hermoso. Te estoy regalando el corazón mismo, la salsa secreta, la fórmula mágica para que ahora como un ser cuántico que eres puedas acceder a los que antes te parecía imposible acceder en tu vida.

Imagina cuántos lectores lograrán transformar su vida por leer este libro, por seguir estos principios. Me brotan lágrimas de alegría al ser parte de un gran movimiento de seres extraordinarios que estamos siendo fuente para que el mundo funcione para todos, y si puede funcionar para ti, entonces estarás listo para entrenarte en liderazgo y hacer que estos principios sean realidad para muchos más, miles, millones de personas.

Recursos De Este Capítulo:

• Video de la explicación del experimento de la doble ranura por el personaje Dr. Quantum, de la película *¿Y tú qué sabes?*

El experimento de la doble ranura es un experimento conceptual en la mecánica cuántica que se utiliza para ilustrar cómo la observación puede afectar el comportamiento de un sistema cuántico. Fue realizado por Thomas Young en 1801 utilizando luz. Consiste en dos ranuras por las que pueden pasar partículas, como por ejemplo electrones. Se coloca una pantalla detrás de las ranuras para detectar las partículas que pasen por ellas. Luego, se envía una partícula a través de una de las ranuras y se mide su posición en la pantalla.

Lo interesante de este experimento es que, cuando no se observa la partícula mientras atraviesa la ranura, se detecta un comportamiento cuántico llamado "interferencia". Esto significa que la partícula puede pasar por ambas ranuras al mismo tiempo y crear un patrón de interferencia en la pantalla.

Sin embargo, cuando se observa la partícula mientras atraviesa la ranura, el patrón de interferencia desaparece y se observa un patrón de impactos separados en la pantalla, lo que indica que la partícula ha atravesado una sola ranura. Este experimento muestra cómo la observación puede afectar el comportamiento de un sistema cuántico y cómo la mecánica cuántica puede presentar comportamientos aparentemente contradictorios con respecto a la mecánica clásica.

Ejercicios Del Capítulo:

● Enlista con gran claridad y detalle la nueva realidad a la que ahora deseas acceder y que hasta hoy te ha sido imposible.

● Relaciona o busca personas que ya tienen acceso a ello que para ti ha sido imposible, ya sea que conozcas o no; puedes investigarlos al ser conocidos públicamente por destacar en sus logros. Enlista a esas personas.

• Empieza a investigarlas y comprender cuáles son sus entendimientos clave en relación a sus logros, cómo se relacionan con esa realidad, con ellos mismos, con los demás o con el mundo en lo que concierne al éxito que tú deseas igualar o asemejar. ¿Qué creencias tienes sobre ti mismo, sobre el mundo? Describe cuál y cómo es el ámbito donde tienes éxito.

• Enlista los entendimientos de las personas que ya lograron el éxito, cómo lo entienden, cómo lo explican, etcétera. Por ejemplo, ¿cuáles son los entendimientos de un millonario sobre el dinero? ¿Qué piensa un autor influyente sobre escribir, expresar e influir?

• Describe cómo dichos entendimientos se relacionan con el tema en el que son exitosos, por ejemplo, con el dinero o con escribir.

• Haz el ejercicio imaginario de empezar a observar el mundo como ellos lo hacen, ¿qué puedes alcanzar a percibir de nuevo desde ahí?

CAPÍTULO 3: EL PODER DEL LENGUAJE

O tro aspecto fundamental del proceso de acceder a un espacio nuevo donde existe una realidad deseada por ti y que ha sido imposible hasta ahora, es el uso de tu lenguaje.

¿Cómo interviene tu lenguaje en el proceso de creación para acceder a lo que hasta ahora es imposible para ti?

Voy a citar a un filósofo, investigador y escritor contemporáneo para explicar lo fundamental y poderoso que resulta utilizar el lenguaje en el proceso de crear o alterar una realidad actual y dar un salto cuántico hacia otra realidad. Y vaya salto cuántico más grande que ha dado el humano que, de tener un rol insignificante en el inicio del mundo, ahora es nada más y ni nada menos que el líder total y dominante.

Yuval Harari es un filósofo, historiador y escritor israelí que ha investigado y escrito varios libros sobre temas relacionados con la historia, tecnología y el futuro de la humanidad. En una conferencia publicada por TED Talks en el 2015, Harari habla sobre cómo los humanos nos hemos convertido en los seres dominantes en la Tierra y cómo hemos logrado expandirnos por todo el mundo y dominar el planeta. También menciona cómo nuestra capacidad para narrar historias y crear símbolos nos ha permitido crear sociedades y culturas complejas y cómo esto ha influido en nuestro éxito como especie.

Algunos de los puntos clave que menciona Harari en esa conferencia y en algunos de sus trabajos sobre el tema:

1.   La capacidad de los humanos para adaptarse a diferentes entornos: Harari explica que una de las razones por las que los humanos hemos prosperado es porque hemos sido capaces de adaptarnos a diferentes entornos y crear herramientas y tecnologías para sobrevivir y prosperar.

2.   La narración de historias han sido herramientas poderosas: Harari destaca la importancia de la narración y la habilidad de los humanos de crear historias, contarlas y enrolar al resto de su especie en creerlas como parte fundamental en la evolución y el éxito de los humanos. Explica que la capacidad de los humanos para contar historias y crear relatos compartidos ha sido clave para su éxito como especie.

3.   La revolución tecnológica y científica: Harari habla sobre cómo la tecnología y la ciencia han revolucionado nuestra forma de entender el mundo y de interactuar con él. A medida que tenemos nuevos entendimientos nos relacionamos con el mundo en forma diferente y abrimos nuevas posibilidades que antes no estaban disponibles.

Destaca la importancia de la ciencia y la tecnología en el progreso humano y cómo han cambiado radicalmente nuestra forma de vivir.

4.   En resumen, en su conferencia TED, Harari aborda cómo

los humanos nos hemos convertido en la especie dominante en la Tierra y cómo la adaptabilidad, la habilidad de crear y narrar historias, así como la revolución tecnológica y científica han sido clave para su éxito como especie.

Harari da mucha claridad sobre cómo por medio de la narración de historias los humanos hemos sido capaces de coordinarnos a gran escala, no solo en manadas pequeñas como lo han hecho otras especies, sino en formas más sofisticadas. Esto ha sido posible, de acuerdo con el escritor, debido a que las historias nos internan en un conjunto de entendimientos que logramos compartir en gran magnitud con una enorme cantidad de humanos, y ello norma nuestras relaciones y nos coordina. Logrando crear con estas historias mundos y espacios ficticios para hacer que los humanos vivamos dentro de ellos bajo acuerdos y condiciones que todos aceptamos.

Un ejemplo de esas historias es pensar en los dioses de la lluvia, del sol, la tierra, la luna y cómo interpretamos que los haremos enojar y descargarán su furia si no hacemos tal o cual actividad o comportamiento; o viceversa, cómo podemos estimular su felicidad. Por más que le expliquemos a un chimpancé que haga esto o aquello para hacer que el dios del sol esté feliz, simplemente no lo entenderá y no seguirá ningún comportamiento para buscar la felicidad de ningún dios, eso solo nos ocurre a los humanos.

Luego creamos historias más complejas y sofisticadas sobre los dioses, que convertimos en religiones con ciertos entendimientos y principios. Otorgamos significados y entendimientos que transmitimos y hacemos que sean adquiridos por otros humanos gracias a nuestro lenguaje y a nuestra capacidad de contar historias. Al asumir esos entendimientos promoveremos que muchas personas se comporten de determinada manera, coordinando el comportamiento de nuestra especie en grandes grupos y a nivel masivo. Ello hace que dos o más individuos que no se conocen, pero conocen la historia y la creen, puedan participar de entendimientos similares y se coordinen para relacionarse con cierta confianza, ya que esos entendimientos regularán su relación.

Hacemos lo mismo contando historias, por ejemplo, sobre el dinero, creando entendimientos, significados y creando un contexto en el que hemos convertido al dinero en un dios. Independientemente de la religión a la que pertenezca una persona, puede coincidir en el deseo y aceptación del significado de poseer dólares, y pueden coordinarse y cooperar para hacer negocios con otros humanos alrededor del entendimiento de cómo funciona el dinero.

Eso no ocurre en el mundo animal, si vas con un chimpancé y le ofreces unos dólares por unos plátanos nunca va a creer que esos pedazos de papel tienen algún valor, y jamás intercambiaría esos ricos y nutritivos frutos por unos pedazos de papel, ni que fuera humano para hacer esa locura. Lo que hace que esos dólares tengan valor es la posibilidad de que muchos otros humanos le den valor y ello habilita la facultad del intercambio confiable.

Nuestra capacidad de utilizar el lenguaje, de crear y contar historias ha hecho posible crear mundos o espacios ficticios: religiones, instituciones, sistemas complejos de organización, países, sistemas económicos y legales, empresas que nacen por medio de declaraciones en actas a las que les hemos otorgado poder; ya que también hemos creado entendimientos para darle poder a ciertos humanos para que puedan dar valor a la creación de nuevas entidades.

Todos estos mundos o espacios ficticios son tan poderosos que regulan al mundo real: la tierra, el agua, el mar, los animales, etcétera. No somos superiores por ser más veloces, audaces, feroces, fuertes que el resto de las especies; lo somos por nuestra habilidad del lenguaje y por crear y narrar historias para enrolar a otros a que las crean y vivan dentro de los entendimientos de las mismas. Así creamos colaboración a gran escala.

Es así, amigo lector, como al nacer, no has llegado a un espacio neutral, sino uno lleno de historias que tienen entendimientos, significados, códigos que establecen lo que hay que pensar, cómo hay que vivir, cómo funciona todo aquí.

Otro investigador importante que dedicó su vida al estudio del impacto y la formación de la cultura y que aporta mucho en este sentido del poder del lenguaje es Humberto Maturana, un biólogo y filósofo chileno conocido por sus teorías sobre la biología cultural y el lenguaje.

Maturana sostiene que el lenguaje es esencial para la evolución de los seres humanos y que juega un papel fundamental en cómo interpretamos y entendemos el mundo que nos rodea. Asegura que el lenguaje no es simplemente un medio para comunicarnos, sino que es una parte integral de nuestra existencia y de nuestra forma de ser en el mundo.

También considera que la realidad es construida por nuestras experiencias y nuestras interpretaciones de ellas, y que nuestra percepción del mundo es influenciada por nuestro entorno y nuestras relaciones con los demás. Manifiesta que la cultura y el lenguaje son esenciales para la formación de nuestra identidad y nuestra capacidad de comunicarnos y cooperar con los demás.

Maturana ve el lenguaje como una parte integral de nuestra identidad, y cree que ha sido esencial para el desarrollo de la civilización humana y para nuestra capacidad de cooperar y trabajar en equipo con los demás. Una conclusión muy similar a la que llega Yuval Harari.

Te he traído y explicado las conclusiones más relevantes de las investigaciones sobre el poder del lenguaje e incluso su rol en crear cultura en este resumen del israelí Yuval Harari, y el chileno Humberto Maturana. Con ello mi intención es que puedas entender el poder del uso del lenguaje en crear contextos, espacios de entendimientos que se comparten, que permiten colaborar, trabajar en equipo, crear acuerdos y una forma de percibir la realidad alineada para quienes han sido enrolados con la narrativa a creer y adoptar esos entendimientos. Y de cómo este proceso contribuye para percibir una realidad.

Si consideras válido este entendimiento podrás notar que el lenguaje es capaz de alterar la realidad, incluso de crearla; lo que nos lleva a la segunda receta de la salsa secreta y mágica que te doy en este libro para que puedas acceder a lo que hasta hoy ha sido imposible para ti.

Usando el lenguaje puedes acceder a aquello que deseas, puedes desde nuevos entendimientos realizar narrativas y enrolar a los demás a que adquieran esas historias como válidas y, de esa forma, entrar a una nueva realidad hasta ahora imposible para ti. Y ahora te voy a enseñar a detalle cómo ejecutarlo.

El lenguaje como mecanismo poderoso para acceder a una nueva realidad

El poder de las declaraciones

Digamos que deseas acceder a la realidad de un entorno familiar de unión, amor y colaboración que funcione, y que es algo que hasta el día de hoy has visto como imposible en tu vida. Es un ejemplo que he utilizado antes.

En este reto estás determinado y comprometido y has identificado una serie de entendimientos que tiene un líder que ya ha logrado acceder a una realidad similar en su entorno familiar. Tienes claro la forma en que esa persona o personas se relacionan en el ambiente familiar y has identificado patrones claves y formas de ser que funcionan para este reto. Además, estás decidido a dar un salto cuántico para crearlo.

Supongamos las siguientes formas de ser de una persona:

- Escucha y es empática con lo que su familia desea de ella.

- Es conexión emocional e íntima con los demás, especialmente con su familia.

- Es creativa y alcanza a identificar lo que hay detrás de sus deseos y solicitudes, no solo escuchando lo que literalmente le dicen sino más allá de lo que le dicen, desde dónde viene aquello que escucha.

- Al ser creativa tiene capacidad de escucha, propone soluciones alternativas válidas y valiosas cuando no puede cumplir solicitudes iniciales.

- Es sabia en utilizar el tiempo, organizado, de tal forma que pueda pasar tiempo de calidad con su familia.

- Es amorosa, constantemente está expresando su amor de diferentes maneras.

Supongamos que esas son formas de ser que ahora vas a adoptar y que al hacerlo te van a llevar a dar un salto cuántico en relación a quien tú has venido siendo. Claro, esto te pondrá en incomodidad al no haberlo hecho anteriormente.

La práctica de esas formas de ser viene acompañada de un uso de lenguaje poderoso que se llaman declaraciones. Vas a declarar sin autoridad, pero con total valentía quién eres ahora.

Las declaraciones son actos poderosos del lenguaje que crean un nuevo entendimiento sobre ti, los demás y el mundo.

Considera el ejemplo de algunas declaraciones poderosas que tienen un impacto:

• La declaración de la independencia de los Estados Unidos de Norteamérica. Imagina todos los cambios que ocurrieron después de esta declaración: marcó el inicio de una nación independiente, el fin de la monarquía, la formación de un gobierno federal y el comienzo de la Guerra de Independencia. Estos cambios tuvieron un impacto duradero en la historia de los Estados Unidos y han contribuido a la forma en que se desarrolló la nación.

• La declaración de un juez al unir a dos personas en matrimonio. Compartir responsabilidades financieras, cuidar el hogar y los niños entre ambos cuando estos lleguen, apoyarse mutuamente, comunicarse de manera abierta y honesta, mostrar respeto y consideración. Y estamos hablando solo de alguien que dice "los declaro marido y mujer". Esa frase tiene mucho poder para generar esa responsabilidad y modificar la relación.

- La declaración de un acta constitutiva que da vida a una corporación u organización que tiene identidad propia. Una vez que se publica el acta constitutiva, la empresa queda legalmente establecida y puede comenzar a operar, antes no podía hacerlo. El acta constitutiva es un documento formal que le da vida: la organización puede obtener una licencia de operación, comenzar a hacer negocios y a adquirir clientes; puede obtener una identificación fiscal, contratar a empleados, entre muchas otras cosas. Esto con el poder de una declaración en un documento constatado por un notario que tiene la autoridad para hacerlo.

Estos son algunos ejemplos de que las declaraciones son poderosas y establecen el inicio de algo que tendrá un impacto, una nueva realidad ocurre a partir de esta intervención lingüística.

Usa el poder de las declaraciones para intervenir en la creación de una nueva realidad, aun sin autoridad. Puedes declarar algo y luego ir por la evidencia, porque tu nuevo entendimiento y forma de relacionarte con ello te lo brindarán.

Para seguir con el ejemplo de las formas de ser exitosas para acceder a un entorno familiar deseado, tus declaraciones podrían ser algo como esto:

- Declaro ser una persona amorosa, que demuestra su amor todo el tiempo.
- Declaro ser una persona empática, que escucha con cuidado, siente y percibe lo que los demás le dicen, incluso más allá de las palabras.
- Declaro ser una persona creativa, negociadora que

siempre encuentra puntos para ganar-ganar en sus relaciones.

● Declaro ser una persona organizada, que dedica tiempo de calidad a su familia.

● Declaro ser una persona proactiva y líder que siempre está provocando la unión familiar, resolviendo conflictos aparentes donde todos ganen y organizando actividades en la que todos se sientan incluidos y felices.

Estas declaraciones que haces son sobre quien ahora eres en este momento. No importa quién has sido antes, solo por lo que declaras ahora ya eres esta persona. Para que ello ocurra lo próximo es enrolar a que tu familia te perciba que eres de esa forma, y para ello tu oportunidad está en actuar y comportarte de esa forma ya en este momento, abruptamente, de inmediato, recuerda, como un salto cuántico.

¿Como se comporta una persona que es como te acabas de declarar? ¿Qué haría esa persona ante un conflicto familiar? ¿Cómo lo resolvería? ¿Qué tipo de acuerdos logra generar entre los miembros de su familia? ¿Qué tipo de conversaciones tendría y cómo estaría expresando su amor desde este momento? Y empieza a hacerlo.

Es aquí donde el compromiso también es parte del condimento de la magia perfecta para que el salto cuántico ocurra y accedas a esta nueva realidad familiar. Vas a ser de esta manera incluso cuando no estés motivado y a pesar de que te hagan enojar y tu mente, ya entrenada a tus anteriores formas de ser, te sugiera mandar todo al demonio. Ten el compromiso de continuar pase lo que pase, incluso de dar tu vida para que esas nuevas formas de ser aparezcan y sean la manera de relacionarte con tu familia en este momento.

Es el mismo proceso para acceder a la abundancia y prosperidad, a la disciplina y a un estilo de vida saludable, relaciones extraordinarias, negocios exitosos, o cualquier realidad a la que estés comprometido a acceder, y empezar a crear a partir de tu lenguaje y compromiso.

Ahora, como dije antes, no solo basta con que tú lo declares, lo próximo es inspirar a los demás a que te perciban como esa persona que declaras ser.

Recursos De Este Capítulo:

● Conferencia de TED Talks de Yuval Harari. *Why do humans run the world.*

● Humberto Maturana. Entrevista a Humberto Maturana "Todo sistema racional se funda desde la emoción".

Ejercicios Del Capítulo:

● Escribe en una hoja lo que declaras, particularmente sobre ti mismo, sobre quien ahora declaras ser. Deben estar asociadas a quien tú eliges ser y que te dará acceso a la nueva realidad que, hasta hoy, era imposible.

● Escribe explicando brevemente cómo funciona el mundo una vez que tienes acceso a lo imposible, a tu nueva realidad, ¿cómo funciona el mundo o las cosas desde ese espacio? Si aún no sabes imaginarlo, investígalo, pero enfócate en cómo es ya que tienes acceso, ya que es la manera en la que tú te vas a relacionar.

● Haz una narrativa o historia de cómo funciona ese nuevo espacio transformado para todos los que ahí convergen, ¿cómo es que todos resultan ganadores por la manera que ahora funciona?

CAPÍTULO 4: NO ES COMO SEA EL MUNDO, ES TU RELACIÓN CON ÉL

E l poder de transformar el contexto. El científico chileno Humberto Maturana desarrolló una teoría sobre la transformación de la cultura a través de la interacción constante de sus miembros. Como lo vimos en el capítulo anterior, él considera que el lenguaje y la comunicación son claves para crear y reproducir sus prácticas y creencias culturales. Él habla de la convivencia para establecer un contexto de esas relaciones, pues la interacción constante permite que la cultura evolucione y cambie a lo largo del tiempo. Pero ¿qué es cultura?

- **Cultura.** 1. Conjunto de conocimientos e ideas no especializados adquiridos gracias al desarrollo de las facultades intelectuales, mediante la lectura, el estudio y el trabajo. 2. Conjunto de conocimientos, ideas, tradiciones y costumbres que caracterizan a un pueblo, a una clase social, a una época, etc.
  Fuente: Oxford Languages.

Por ejemplo, la cultura puede cambiar a través de la introducción de nuevas ideas, tecnologías o prácticas sociales; es decir de modificar el contexto desde donde se entienden esos conocimientos, ideas, tradiciones, costumbres. Estas nuevas influencias pueden transformar la forma en que los miembros de la cultura interactúan entre sí y con el mundo, cambiando también a la cultura.

Cuando hablo de contexto, me refiero a la referencia que permite entender algo, o sea la manera en que funcionan y entienden las cosas en un espacio social determinado.

- **Contexto**. 1. Conjunto de circunstancias que rodean una situación y sin las cuales no se puede comprender correctamente. 2. Conjunto de elementos lingüísticos que incluyen, preceden o siguen a una palabra u oración y que pueden determinar su significado o su correcta interpretación.
  Fuente: Oxford Languages.

Consideremos el contexto como una pauta para poder comprender algo y relacionarnos con ello de determinada manera que, según ese contexto, es la adecuada o correcta. Asimismo, podemos ver el contexto como vía para transformar la cultura, cambiar las circunstancias y transformar la cultura.

El contexto es la referencia que permite interpretar lo que ocurre o se produce en un entorno o circunstancia. Puede influir en la interpretación o comprensión de algo y proporcionar información importante para entenderlo adecuadamente, ya que tiene los entendimientos lógicos sobre los que se alinea lo normal dentro de ese espacio, tiempo, entorno, lugar o circunstancias determinadas. Con base en este contexto tiene lógica o sentido una conducta o entendimiento.

John Hanley es un gran líder de un movimiento de transformación que inició en los años setentas y continúa con gran fuerza hasta hoy en día pues ha diseñado una serie de entrenamientos sumamente efectivos que tiene la visión de cambiar a millones de seres humanos para crear un mundo que funcione para todos.

Yo mismo he sido impactado por la genialidad de John Hanley y, en gran medida, mi conocimiento y estudio sobre la combinación de la cuántica y la filosofía existencialista provienen de decenas de distinciones que él enseña y que obtuve durante mi experiencia en uno de los entrenamientos de su academia.

En su libro *Todo es perfecto*, Hanley define contexto como "el ambiente invisible, las condiciones interrelacionadas, la estructura de interpretación en la que tu vida ocurre". Y pone de ejemplo: el contexto de tu vida es como agua para el pez. El pez no ve el agua, no está necesariamente consciente de ella; sin embargo, todo en la vida de un pez consiste y se genera desde el hecho de que existe agua.

Hanley hace esta metáfora para explicar que todo lo que ocurre en tu vida —estés o no consciente—, tiene que ver o es derivado de tu contexto. Cambiar tu contexto te da acceso a una realidad diferente a la actual.

También se refiere a que el coaching o desarrollo personal consiste en mejorar el contenido, no necesariamente transformar el contexto; él le llama "más y mejor". Y hace una clara distinción entre el contexto y el contenido: el primero es el ambiente donde algo puede florecer, y el contenido lo que florece o no dentro de ese ambiente.

Este libro está enfocado en alterar tu contexto utilizando los principios de la mecánica cuántica. Y ello implica un salto cuántico desde la manera en que ahora te relacionas con el mundo, una interrupción abrupta, un salto a lo incierto e impredecible, un nuevo contexto. No es un libro para hacerlo un poquito mejor o tener más de algo. Insisto, esta obra está diseñada para que saltes a habitar en un nuevo contexto al que hoy no tienes acceso.

Dos ejemplos de contexto pueden darnos claridad de qué estamos hablando, y además nota las diferencias de los empleos de lugares que voy a plantear a continuación:

Hagamos una comparación entre la iglesia y un concierto de rock como dos contextos distintos: en la iglesia la gente no hace ruido, sigue las instrucciones de la formalidad de la ceremonia, se sienta y se pone de pie según sea apropiado. En el concierto los participantes hacen ruido, incluso gritan; generalmente toman alcohol, bailan, brincan y pueden moverse a su libre expresión.

Es claro que el espacio es diferente considerando el contexto desde el cual ocurre ese espacio. Ahora una comparación de contexto de circunstancias:

Una conversación de temas de trabajo y una cena familiar. En la laboral hay jerarquías, se establecen objetivos y compromisos a los que se les da seguimiento. En el caso de la cena familiar, la conversación varía según el deseo de cada participante, no hay una jerarquía formal, y lo que se dice no necesariamente genera un compromiso formal o seguimiento.

¿Qué determina que sea normal una cosa u otra, un tipo de comportamiento u otro? El contexto. ¿Por qué es correcto que cada quien hable lo que desee sin un orden determinado o cambie de tema a su antojo en una reunión? El contexto.

Si como líder transformas el contexto, estás transformando todo

Transformar el contexto es de lo que se trata para acceder a una nueva realidad. Todo es contextual. Y hacerlo implica inspirar y mover a los demás a alinearse a un marco de nuevos entendimientos y formas de relacionarse, puede ser una nueva cultura que viene de un nuevo contexto.

Continuando con el ejemplo de tu familia, mientras eres de la manera que has declarado ser, lo próximo es inspirar y mover a tu familia para que vivan dentro de un contexto transformado derivado de nuevos entendimientos, una nueva narrativa que resulta de una nueva forma de relacionarse, una nueva cultura. Es decir: transformar el contexto relacional que hasta ahora ha ocurrido en tu familia.

Lo anterior implica mover a los miembros de tu familia a la aceptación de nuevos entendimientos sobre cómo vive una familia y cómo se relacionan. También a crear nuevos elementos lingüísticos, nuevos significados o acuerdos sobre maneras de proceder.

Después que todos estén alineados a lograr que se comprometan a aceptar los principios que harán la familia unida y amorosa, generar otros acuerdos, mecanismos y maneras de ocurrir alineadas al nuevo entendimiento. Además, acordar y ser conscientes de los precios a pagar en caso de romper esos principios.

Inspirar y mover hacia ese nuevo contexto a los demás para vivir en unidad y amor es la jugada maestra de la transformación, el momento preciso en la cual finalmente accedes a nuevas posibilidades que hasta ese momento no estaban disponibles en tu vida.

Tu capacidad de inspirar y mover a los demás. Ser líder es el juego para transformar contextos

Te hablaré de liderazgo en un capítulo completo más adelante; por ahora, es muy relevante que entiendas el ingrediente "ser líder" para transformar no solo tu realidad sino para llevar a otros a lograrlo para accesar a lo que parecía imposible.

Como seres sociales en cierta manera nuestra realidad se altera cuando modificamos la realidad de los demás. Por lo tanto, ser líder implica crear maneras de ser con los demás que promueva la posibilidad de esa alteración.

Hagamos una pausa para reconectarnos con la fórmula secreta de manera integral y poder ubicar el ingrediente de ser líder en ello. Para acceder a lo que hasta hoy ha sido imposible para ti, hay que dar un salto cuántico que, visto en cámara lenta, tiene 7 aspectos:

1. Identifica que todo es un entendimiento temporal creado por la habilidad del lenguaje y narrativa de los humanos.
2. Que lo imposible es solo un estado temporal derivado de esos entendimientos dados.
3. Adquiere nuevos entendimientos alineados a lo que deseas y que ha sido imposible hasta hoy. Esta es la clave para entrar a una nueva realidad.
4. El lenguaje es la principal herramienta de coordinación de los humanos para crear y contar historias. Hazte consciente y utiliza el lenguaje como aliado para vincularte con esa nueva realidad, especialmente emplea las declaraciones para establecer quién eres y cuál es tu forma de relacionarte con el mundo a partir de este momento.
5. Empieza a relacionarte con el mundo de la manera que lo haría quien te declaras ser, mientras vas encontrando evidencia de que eres así como lo declaras.
6. Para ello, es fundamental que inspires a los demás a que eres esa persona que declaras ser, y que ellos te vean y consideren así.
7. Finalmente, inspira y mueve a los demás con tu narrativa, ejemplo y siendo quien ahora eres, para que acepten nuevas referencias, entendimientos, y estén dispuestos a relacionarse desde eso nuevo marco de referencia, que los coloquen en un nuevo contexto ganador para todos.

Más o menos así es la fórmula secreta, la manera en que vas a acceder a un espacio de realidad en el que no habías podido entrar. Úsalo a tu acceso a la abundancia y forma de relacionarte con la riqueza y prosperidad, incluso con el dinero, con las relaciones, tu familia, pareja, con tu salud, en tus negocios, con tus colaboradores, compañeros, en la comunidad que vives, tu país, el mundo.

Tú eres de la manera que eres en el mundo, no eres antes o después. Y solo eres en el mundo. Y esa forma la puedes elegir al estar consciente de que has sido arrojado a un espacio lleno de entendimientos para cuestionarlos y elegir aquellos que te otorgan libertad de definir quién eres, los que te dan poder para accesar a la realidad que deseas en tu vida, y no solo dejarlo a la suerte o el destino. Dejar de vivir bajo narrativas inventadas por otros humanos si estas no te apoyan y enrolar al mundo y los demás en entendimientos ganadores, en otras narrativas que te empoderen y los empoderen, que todos ganen.

Considera que no eres un ser predefinido, preconfeccionado, prediseñado, con un propósito, misión o características inherentes o que ya traes por default antes de nacer. Tú eres un ser "en blanco" que es arrojado a un espacio dado en el que ya existen una serie de entendimientos preestablecidos que adoptas o adquieres sin cuestionar y que te dan acceso a una "realidad dada".

Ejercer el poder de cuestionar los entendimientos, elegirlos y definir quién eres, cómo son los demás y cómo es el mundo, es el poder para acceder a la realidad que tú elijas, efectuando tu liderazgo al traer narrativas que los demás acepten como "reales" y decidan conducirse o relacionarse en dicho marco de narrativas. El liderazgo es mover a los demás a elegir libremente vivir dentro de entendimientos en un contexto ganador para todos.

Ser líder en este sentido no se refiere a un puesto en una organización o un rol; ser líder es la manera de relacionarte con las personas, es una forma de ser, generando confianza y obteniendo la genuina atención de los demás para considerar tu narrativa. Claro, también deberás ser capaz de incluirlos en la concreción de esa narrativa, que sea de todos los involucrados.

Como ya lo vimos, el filósofo y escritor Yuval Harari ha sido maestro en mostrar que los humanos somos especialistas en crear narrativas, contar las historias que otros creen. Y con ello hemos dominado el mundo sobre otras especies.

Nos coordinamos a gran escala, dice Harari. Creamos mundos o realidades ficticias, que no nacen de la naturaleza, de la tierra o del universo como tal, sino que son creaciones humanas: religiones, sistemas financieros, empresas, organizaciones, países, dinero, leyes, profesiones, matrimonio, criptomonedas, y hacemos que los demás crean en tal o cual cosa. Y justo en el momento en que lo creen, lo crean; esas cosas inventadas — o nuevo entendimiento— empieza a tener vida propia, y al ser conveniente los humanos elegimos habitar ahí.

Claro que hay un proceso que podemos identificar de cómo ese nuevo entendimiento tiene vida propia y luego ya no, porque depende de la aceptación de unos cuantos. En el mundo de la innovación podemos encontrar claridad de cómo ocurre este proceso. He sido asesor de empresas en materia de innovación y estrategias de negocios y las compañías están haciendo esto todo el tiempo.

Cruzando el abismo es un libro escrito por Geoffrey Moore que se centra en la adopción de nuevas tecnologías y en el abismo que existe cuando esta nueva tecnología, idea o entendimiento todavía no es aceptado por la mayoría.

Incluso cuando la propuesta de la obra de Moore se refiere a la tecnología y al mundo de los negocios principalmente, podemos encontrar mucha similitud en casi cualquier movimiento social que pretende incluir un nuevo entendimiento; por ejemplo, el derecho al voto de las mujeres o la abolición de la esclavitud.

Moore sostiene que la adopción de una nueva tecnología sigue un patrón conocido como la curva de adopción de tecnología, que se divide en cinco fases: innovadores, primeros adoptadores, mayoría temprana, mayoría tardía y rezagados. La estrategia recomendada por el autor es concentrarse en los innovadores y primeros adoptadores, ya que serán los que apoyarán a que los demás acepten la nueva tecnología.

Moore argumenta que para que una tecnología tenga éxito es necesario atravesar el abismo entre la fase de los primeros adoptadores y la de la mayoría temprana. Esto se debe a que, durante este periodo, la tecnología aún es incierta y puede resultar peligrosa para aquellos que no estén dispuestos a correr riesgos. Sin embargo, una vez que la tecnología ha sido adoptada por la mayoría temprana, comienza a ser considerada segura y fiable, así que su adopción se vuelve más fácil.

Revisemos lo que debe ocurrir para que la masa temprana o *early adopters* adopten una nueva tecnología. Según Moore algunos requisitos pueden incluir:

1. Solución de un problema real: La nueva tecnología debe ofrecer una solución real a un problema o necesidad que tenga la masa temprana.
2. Ventajas claras: La nueva tecnología debe tener ventajas claras y evidentes en comparación con las opciones existentes.
3. Fácil de usar: La nueva tecnología debe ser fácil de usar y entender para que sea aceptada por la masa temprana.
4. Sostenible: La nueva tecnología debe ser sostenible a

largo plazo y tener un futuro prometedor.

5. Confianza: La masa temprana debe confiar en la nueva tecnología y tener la seguridad de que es segura y fiable.

Según el escritor es importante tener en cuenta que la masa temprana suele ser más arriesgada y dispuesta a probar cosas nuevas que otros grupos de adopción. Por lo tanto, es necesario que la nueva tecnología cumpla con estos requisitos para ser aceptada por ellos. Los innovadores y adoptadores tempranos pueden ser más soñadores y estar motivados por la emoción, pero no las mayorías.

Imagina cómo estás características te podrían funcionar en tu objetivo de ser líder, de inspirar y motivar a los demás a adoptar un nuevo entendimiento y mudarse a vivir ahí.

Enfocándote en que solucione algún problema real o sea un entendimiento ganador para todos, que ofrezca ventajas a todos quienes ahí conviven en ese espacio, que expliques y eduques sobre cómo ejecutar o llevar a cabo ese entendimiento; es decir, que sea fácil de accionar, que haya claridad en cómo llevarlo a cabo, que ofrezca un futuro prometedor o deseable para todos. Lo fundamental es que exista confianza en ti como líder y en la posibilidad de lograrlo.

Vamos a ver en detalle cómo es tu nuevo tú siendo líder en el siguiente capítulo, y que desde esa forma de ser accedas a este grandioso poder, crear mundos en los que tú y los demás habiten.

Por ahora considera que todo tiene que ver con los entendimientos y tu relación con los demás para adoptar entendimientos que les empoderen. No basta con solo pensar que tú eres amoroso, los demás tienen que verte amoroso, y que sea tan inspiradora tu forma de ser que invite a los demás a ser amorosos.

Puede que en el camino encuentres ciertos entendimientos que no necesariamente son adoptados por otros, pero siendo líder logras generar acuerdos para que puedan co-habilitar en ese contexto: tú con tus entendimientos y los demás con los suyos, o no. Esto por medio de crear acuerdos, siempre que estos entendimientos sean compatibles. Y cuando digo o no me refiero a que nunca hay garantías, la transformación implica ponerte en riesgo, incluyendo tus relaciones.

Imagina por un momento una relación sentimental que no funciona o una laboral que siente que no aporta, que no se siente valioso, o una que, por quedar bien a su familia y no decepcionarlos nunca acepta y vive su homosexualidad.

Poner en riesgo tu relación o actual circunstancia es parte de tener la oportunidad de transformarla. Sin embargo, considera que no hay garantías y que podrías terminar por romper con esa relación si no logras transformarla generando los nuevos acuerdos. Ese quiebre puede ser la puerta a abrir nuevas posibilidades, el fracaso también es parte de la transformación.

Como te lo compartiré más adelante, la transformación implica riesgo, no hay garantías de que podrás transformarte y avanzar sin dejar atrás personas, circunstancias, negocios, ciudades, pareja, trabajo, y muchas cosas más. Es parte de la vida como te invitaré a considerar posteriormente.

No obstante, tu enfoque en primera instancia es crear acuerdos que permitan habitar en un nuevo contexto en el que todos ganen. Según Oren Klaff, escritor e inversionista, sostiene que un encuentro social entre dos personas es un choque de dos marcos de referencia, y el fuerte absorbe al más débil.

Este autor habla de algunas formas en el que un marco es más fuerte sobre otro, se refieren al estatus social, económico, de conocimiento, de reconocimiento, de certificación, etcétera. Por ejemplo, en una iglesia el sacerdote tendría más poder que un médico, pero en el hospital es el médico quien tiene el poder sobre el sacerdote o político, ya que su marco de referencia en ese contexto absorbe al de los demás. Este poder es contextual.

Mucho de lo que propone Klaff son formas de aumentar el poder o la fuerza desde donde viene tu marco de referencia al interactuar con otros. Y lo presenta en un contexto de negociación económico. Cuando necesitas al otro, el poder de tu marco de referencia se debilita, cuando apoyas al otro y desde que tienes múltiples opciones, tu marco se fortalece.

Siguiendo con la metodología que propone Klaff, en lugar de enfocarse en conseguir lo que uno quiere, es mejor centrarse en las necesidades y deseos de la otra parte y presentarse como solucionador. Desde esa posición se logrará un acuerdo que beneficie a ambas partes porque se buscará apoyar al otro a conseguir algo valioso. Y la palabra clave es acuerdos.

Esta metodología se basa en tres principios clave:

1. Empatía: es importante entender y comprender las necesidades y deseos de la otra parte para poder llegar a un acuerdo satisfactorio para ambas partes.

2. Flexibilidad: es necesario estar dispuesto a ser flexible y a considerar diferentes opciones y soluciones para llegar a un acuerdo.

3. Creatividad: es importante ser creativo y pensar fuera de lo convencional para encontrar soluciones que beneficien a ambas partes.

Con esto en mente vamos a hacer un corte para incorporar el elemento inspirar y mover a los demás hacia nuevos entendimientos que generen acuerdos para transformar la forma de relacionarnos en un espacio o circunstancias determinadas. Esto como forma de transformar el contexto.

Pero se trata de un nuevo contexto, una nueva realidad, un acceso a posibilidades que antes simplemente no estaban ahí. Incorporando la idea de Klaff, poniendo en riesgo la relación a fin de no venir de necesitar del otro o a los demás, pero creando un espacio de escucha y empatía que permitan presentarte con algo que es valioso para los demás.

Imagínate explorando nuevos entendimientos sobre ti, los demás y el mundo, siendo eso que declaras, mientras inspiras y mueves a los demás a migrar a ese espacio y adoptar ciertos principios y venir desde ahí en su relación. ¿No te parece fantástico?

Recursos Del Capítulo:

- Humberto Maturana. Pensamiento y obra de Maturana para entender el proceso de educación desde la perspectiva de evolución.

- Seminario de Geoffrey Moore sobre el proceso de adopción de una nueva tecnología.

- Oren Klaff. Cómo iniciar un discurso de negociación según Oren Klaff en entrevista en London Real (el contexto es negociaciones en los negocios).

Ejercicios Del Capítulo:

- Escribe una hoja sobre el o los nuevos entendimientos que vas a inspirar para que los demás adopten, identificando claramente los beneficios que tienen ellos para hacerlo.

- Escribe en otra hoja la manera más fácil que tú y ellos podrán poner en práctica esos entendimientos. Explica cómo llevarlos a cabo siendo muy específico, que sea fácil para ellos saber cómo hacerlo.

- Escribe, solo después de escucharlos, qué es lo que ellos también desean y cómo esta nueva forma de relacionarse con nuevos acuerdos, apoyará a que ellos obtengan lo que desean.

CAPÍTULO 5: SER LÍDER CUÁNTICO

Un líder es alguien que guía o dirige a un grupo de personas. Un buen líder tiene las habilidades necesarias para inspirar y mover en forma alineada a su equipo o seguidores hacia un propósito. Establece metas claras y lleva a cabo planes para alcanzarlas.

También es importante que sea capaz de tomar decisiones y resolver problemas de manera efectiva, que sea un buen comunicador y escuche las necesidades y preocupaciones de su equipo, o seguidores.

- **Líder.** 1. Persona que encabeza y dirige un grupo o movimiento social, político, religioso, etcétera.
  Fuente: Oxford Languages.

Tal vez uno de los temas más estudiados y que más publicaciones existen es precisamente sobre liderazgo, ya que es una forma de ser en el mundo que otorga enormes beneficios, incluso aunque conlleva una gran responsabilidad frente a los demás que son equipo o seguidores.

En cierto sentido si eres miembro de una familia, si eres madre o padre, tienes una responsabilidad de liderazgo al encabezar o dirigir a un grupo que son tu familia, tus hijos. No se requiere una posición formal en alguna organización o como político. Liderazgo se refiere a una forma de relacionarse con los demás que involucra una conexión muy especial que implica ser responsable de un esfuerzo colaborativo.

Hay ciertas características que pueden distinguir a un líder como tal. Algunas de ellas incluyen:

- Visión: un buen líder tiene una visión clara de adónde quiere llevar a su equipo y cómo piensa lograrlo.
- Comunicación: un líder efectivo es un buen comunicador y escucha activamente a su equipo.
- Confianza: los líderes son confiables y pueden inspirar confianza en su equipo.
- Responsabilidad: un líder es responsable tanto de sí mismo como de su equipo y está dispuesto a asumir la responsabilidad de sus acciones y decisiones.
- Habilidades de resolución de problemas: un buen líder es capaz de identificar y resolver problemas de manera efectiva.
- Pensamiento crítico: un líder tiene la capacidad de considerar diferentes opiniones y perspectivas que le apoyen en tomar mejores decisiones.
- Empatía: un líder es capaz de ponerse en el lugar de su equipo y comprender sus necesidades y preocupaciones.

Siendo un tema tan amplio he tomado la decisión de acercarte a algunas propuestas con las que yo me he entrenado y considero muy valiosas y efectivas para brindarte una clara visión de cómo puedes entender el liderazgo de una forma vibrante, práctica y cercana a tu vida.

El liderazgo ante grandes y rápidas transformaciones

El actual entorno que estamos viviendo es caracterizado por cambios muy ágiles, nunca en la historia de la humanidad hemos tenido cambios tan rápidos, transformaciones radicales.

Por ejemplo, nuestros abuelos presenciaron pocas innovaciones tecnológicas que modificaran su forma de vivir. Ello contribuye a pensar más en un mundo fijo en el que las "verdades absolutas" tenían más tiempo de vida antes de que nuevos entendimientos llegarán y las "mataran".

Pensemos en la imprenta como una de las grandes innovaciones de la humanidad, inventada en 1450 por Johannes Gutenberg. Este sistema mecánico que produce copias en masa de documentos, escritos o gráficos revolucionó la forma en que se producían y se distribuían los libros y otros documentos.

La imprenta utiliza una máquina llamada prensa que consiste en una serie de planchas de metal en las que se han acomodado las letras o imágenes que se quieren imprimir. Estas planchas se colocan en la prensa junto con un papel y luego se aplica presión para transferir las letras o imágenes del metal al papel.

La imprenta ha sido una herramienta muy importante en la difusión del conocimiento y en la producción de libros, periódicos y otros documentos escritos. Claro que podemos hacer un análisis más amplio del impacto de la imprenta, pero para fines de este capítulo, imaginemos la posibilidad de llevar y traer ideas, o sea nuevos entendimientos, revolucionando así la manera de vivir.

La imprenta abrió la posibilidad de promover nuevos entendimientos, una revolución intelectual que dio paso a la comunicación como medio de influencia de política, de control, etcétera. Sin duda una de las innovaciones más impactantes de la humanidad.

Después de la invención de la imprenta, una de las grandes innovaciones fue la máquina de vapor. Esta innovación revolucionó la industria y permitió la producción a gran escala de bienes y servicios. Sin embargo, la máquina de vapor surgió hasta 1765, o sea, 315 años después de la imprenta. Piensa cuántas generaciones no vieron una innovación tan impactante en toda su vida entre la imprenta y la máquina de vapor.

Otras innovaciones importantes que ocurrieron después de la imprenta incluyen la electricidad, el teléfono y la radio. Todas tuvieron una gran repercusión en la sociedad y cambiaron la forma en que las personas vivían y trabajaban.

Solo para poner otro ejemplo: después de la imprenta, la primera innovación en utilizar electricidad fue la máquina de electrostática de Benjamín Franklin a principios del siglo XVIII. Pero fue hasta 1882 cuando se desarrollaron los primeros sistemas de generación y distribución de electricidad a gran escala.

Uno de los primeros sistemas de este tipo fue el de la Central Eléctrica Pearl Street, que se construyó en Nueva York. La electricidad se convirtió rápidamente en una fuente de energía muy importante y tuvo un gran efecto en la industria y en la vida cotidiana de las personas. Imagina, amigo lector, cómo se modificó la vida de las personas: la ampliación del tiempo de productividad y la vida nocturna. Sin embargo, de nuevo estamos hablando de 417 años después de haberse inventado la imprenta.

Después de la electricidad hemos vivido una serie de innovaciones de gran trascendencia y cada vez más frecuentes. En 1965 Gordon E. Moore, cofundador de Intel, realizó la observación de un patrón de avance muy homogéneo de la tecnología, independientemente de circunstancias políticas, sociales y económicas. A esta observación se le llama la Ley Moore, cuyo cumplimiento se ha podido constatar hasta hoy.

Según esta ley, el número de transistores que se pueden colocar en un chip de circuito integrado se duplicaría aproximadamente cada dos años, lo que llevaría a un aumento constante en la velocidad y la eficiencia de los procesadores de computación.

Esto se ha cumplido de manera sorprendentemente precisa durante más de 50 años y ha sido una de las principales razones por las que la tecnología de la informática ha avanzado tan rápido. Aunque la Ley de Moore ha sido modificada ligeramente con el tiempo, sigue siendo un marco importante para entender el ritmo del progreso tecnológico.

La ley Moore muy pronto se convirtió en la base para una nueva observación que implica a toda la tecnología, que es el crecimiento exponencial. Cuando se habla de crecimiento exponencial se refiere al crecimiento marginal; es decir, de un periodo a otro, las posibilidades y capacidades de la tecnología aumentan dramáticamente, no en porcentaje sino en múltiplos. Ejemplo de un crecimiento normal es mencionar que se incrementó 20% de 2022 a 2023, mientras uno exponencial se refiere a que aumentó 10x (diez veces) de un periodo determinado a otro.

Gordon E. Moore falleció el 24 de marzo de 2023, a solo unas semanas de estar escribiendo estas líneas. Estoy seguro que no imaginó lo que vieron sus ojos sobre el crecimiento exponencial de la tecnología, bajo su observación preliminar. El nivel de impacto en la forma de vivir de los humanos y lo que viene a continuación con la Inteligencia Artificial y otras tecnologías que crecen de forma exponencial bajo el principio de su ley en 1965.

Hay varias publicaciones que investigan el tema y generan una visión y predicción muy clara del crecimiento de la tecnología y sus implicaciones.

En capítulos anteriores me referí a Peter Diamandis quien en sus publicaciones hace referencia a este patrón y de quien aprendí, de manera directa, la forma de entenderlo, así como de analizar las posibilidades derivadas de su interpretación del futuro.

Peter Diamandis es un emprendedor, científico y autor estadounidense. Es conocido por crear la Fundación X, que busca promover el desarrollo y la adopción de tecnologías exponenciales, y por cofundar la empresa de viajes espaciales SpaceX.

Además, es autor de varios libros relacionados con este mismo tema: *Abundance: The Future Is Better Than You Think* (2012), *Bold: How to Go Big, Create Wealth, and Impact the World* (2015). *The Future Is Faster Than You Think: How Converging Technologies Are Transforming Business, Industries, and Our Lives* (2020). También es coautor del bestseller *The Code: Silicon Valley and the Remaking of America* (2018).

También he aprendido directamente de Salim Ismail, un emprendedor y autor estadounidense conocido por ser el cofundador de Singularity University, una institución educativa dedicada a la investigación y al desarrollo de tecnologías exponenciales. Justo Ismail es autor del libro *Exponential Organizations: Why new organizations are ten times better, faster, and cheaper than yours (and what to do about it)* (2014).

Primero aprendí de su libro *Organizaciones Exponenciales*, después formé parte de la comunidad ExO que él y otros innovadores crearon, para posteriormente certificarme como consultor de la metodología ExO para la innovación en organizaciones considerando la visión de transformación de la tecnología, los negocios y la manera de ser exitosos en un entorno altamente cambiante.

También en marzo de 2023, mientras redacto esta obra, Salim Ismail lanzó la segunda edición de su libro *Organizaciones Exponenciales*, actualizándolo y apoyándose de la comunidad para recoger nuestras opiniones y experiencias de quienes hemos implementado la metodología de organizaciones. Y lo hizo aplicando uno de los principios de colaboración que este tipo de organizaciones plantean.

Formar parte de la comunidad de Singularity University —organización-comunidad que estudia los patrones de la tecnología y su impacto en el mundo—, y participar en sus summits me ha dado la visión para entender que hemos entrado a un marco de cosmovisión del mundo en donde los entendimientos duran muy poco, las supuestas verdades absolutas se rompen muy rápido, su vida útil es casi instantánea, y todo cambia de manera super veloz.

Lo que ayer podrías jurar como cierto hoy cambió. En este nuevo entorno, el rol del liderazgo, según este contexto de líderes, comunidades y organizaciones, presenta un nuevo modelo para navegar con éxito en un ambiente así.

Considera que el liderazgo de antaño podía soportarse bajo premisas en donde el líder tiene la verdad y el poder por mucho tiempo, mientras que en un entorno como el que te acabo de describir, el líder ya no tiene esa supuesta "verdad" ni mucho menos el poder.

Existen otras formas de ser para aspirar a ser líder en un entorno tan cambiante, como, por ejemplo, la humildad, la constante exploración y curiosidad, hacer buenas preguntas en lugar de buscar dar respuestas definitivas, la ágil adaptación, entre otras características que poco estaban presentes en líderes de antaño que tenían un marco o contexto muy distinto de pocos cambios o transformaciones.

En mi experiencia con la mentoría de Peter Diamandis, en el marco de capacitaciones que he tomado de Singularity University o en la comunidad de Organizaciones exponenciales (ExO), o bien, ejerciendo consultoría del modelo de innovación de Organizaciones ExO, encontré una constante: el enfoque está en el liderazgo, extrañamente no tanto en la tecnología.

Considera que la tecnología seguirá avanzando, casi en forma predecible y de manera exponencial cada vez más rápido e impactante. Ante ello, el dilema o enfoque es cómo nos vamos a relacionar con la tecnología y con el mundo siendo impactado de esa manera. Este es el principal enfoque de Singularity, Diamandis, la comunidad ExO, y casi todas las comunidades que se relacionan con estudiar el impacto de la tecnología y sus posibilidades.

De ahí aparecen un montón de nuevos términos o usos de lenguaje. Recuerda lo que dice Yuval Harari sobre la habilidad de los humanos para crear y contar historias, para con ello, crear mundos ficticios.

Esto es precisamente lo que está ocurriendo, hay nuevos contadores de historias, que están creando una narrativa distinta a la que existía en el mundo, y generando nuevos mundos o espacios dónde habitar, utilizado nuevos conceptos como Propósito Transformador Masivo (MTP) para definir lo que antes pensábamos como visión, o Moonshots para definir objetivos ambiciosos que enfoquen a la Luna. También existen una serie de nuevos conceptos para definir modelos de negocio exponenciales, por ejemplo: algoritmos, personal bajo demanda, comunidad, tableros, experimentos, tecnologías sociales, agilidad, scrum, producto mínimo viable, entre muchísimos nuevos conceptos que se inventan para navegar ante un nuevo contexto.

Los términos que he mencionado son unos cuantos, para darte idea de una abundante lista de nuevos entendimientos, modelos, términos, conceptos, etcétera, que aparecen y describen "realidades" y formas de interactuar con estas que hace apenas unos años no existían.

Ahora es importante clarificar—considerando que he utilizado un contexto de entendimiento que se utiliza en el mundo de los negocios y las innovaciones—, que estos nuevos entendimientos de un mundo cambiante que presenta nuevas realidades las podemos percibir en el marco de una familia.

Simplemente observa el acceso a la información que tienen tus hijos, tu interacción y la de tu esposa con las redes sociales, la manera en que se informan y motivan tus hijos, compañeros de trabajo, colaboradores, etcétera... es completamente diferente a la manera en que ocurría hace algunos años. Aparecen nuevas plataformas, nuevas tecnologías de un año a otro que están constantemente cambiando la dinámica de tu familia, negocio, amigos, etc. Entonces, he usado este marco de contextos innovadores y de negocios porque se ajusta perfectamente a lo que está ocurriendo en tu mundo y en el mío, y a los retos y requerimientos para ser líder en ese contexto.

Exploremos el tipo de líder que, según los estudiosos del tema, demanda este nuevo contexto. Peter Diamandis propone un tipo de liderazgo orientado al futuro y a la innovación. En su libro *Bold: How to Go Big, Create Wealth, and Impact the World* presenta su enfoque de liderazgo denominado "liderazgo exponencial", que se basa en la idea de que los mejores líderes son aquellos que pueden anticipar y aprovechar las tendencias y cambios exponenciales en el mundo para crear un impacto positivo y transformar sus industrias y comunidades.

Para Diamandis, el liderazgo exponencial implica tener una visión a largo plazo y ser capaz de tomar riesgos y asumir el papel de "primer seguidor" para llevar a cabo cambios disruptivos. También implica ser capaz de trabajar en colaboración con un equipo diverso y utilizar tecnologías y herramientas exponenciales para impulsar el crecimiento y el cambio.

Por su parte, Salim Ismail propone un tipo de liderazgo centrado en la innovación y la escalabilidad exponencial. Para él, los líderes de organizaciones exponenciales deben ser capaces de aprovechar las oportunidades que surgen de las tendencias y cambios en el mundo. También deben ser capaces de trabajar en colaboración con un equipo diverso y estar dispuestos a tomar riesgos y a experimentar con nuevas ideas y tecnologías.

Algunos de los valores y principios que Singularity University promueve en el liderazgo incluyen la colaboración, la diversidad y la inclusión, la ética, la responsabilidad social, el pensamiento crítico y la innovación. Y en su literatura Singularity University insiste que los líderes que trabajan en esa comunidad deben ser capaces de colaborar en equipo con personas de diferentes antecedentes y perspectivas, y deben estar comprometidos con la creación de un futuro sostenible y próspero para todos.

Un prototipo de líder un tanto diferente a la perspectiva tradicional de ser líder, donde tradicionalmente se caracteriza su fortaleza, valentía, capacidad de persuasión, su nivel de poder o influencia política, gran capacidad de conquista, incluso, capacidad de instalar su forma de pensar y actuar en los demás.

En este sentido el nuevo dinamismo del mundo nos invita a formas de ser de empatía, colaboración, anticipándonos siendo innovadores, ejercitando el pensamiento crítico, y también tomando riesgos asumiendo el rol de "primeros seguidores" cuando vemos algo fantástico que vale la pena seguir.

Esta forma de ser en el mundo, en este mundo que he descrito, puede apoyarte a inspirar y mover a tu familia, colaboradores, socios, amigos, comunidad, hacia generar acuerdos en los que todos ganen.

Líder consciente

Durante mi entrenamiento en Conscious Business Center (CBC), una escuela de coaching y liderazgo que fundó Fred Kofman, aprendí aspectos sumamente prácticos en el campo del liderazgo que se desprenden de una filosofía muy alineada a la existencialista y al pensamiento de Singularity University, así como a una nueva clase de emprendedores tecnológicos. Kofman se ha enfocado en transformar la cultura en las organizaciones y entrena a agentes de cambio a hacerlo bajo estos principios de empresas conscientes. A partir de esta experiencia de aprendizaje en mi vida profesional, he llevado este modelo en mi práctica de consultoría organizacional a mis clientes para transformar la cultura en empresas.

Encuentro en esta metodología y principios muchos elementos de utilidad para llevarte de la mano para que te conviertas en un líder cuántico.

Fred Kofman es un filósofo y autor que se especializa en temas relacionados con el liderazgo y la cultura. Es conocido por su trabajo en el desarrollo de líderes y la creación de culturas empresariales saludables y sostenibles.

Kofman fue vicepresidente de LinkedIn durante varios años y ha trabajado para empresas como Google y eBay. También ha escrito varios libros sobre liderazgo y desarrollo personal, incluyendo *Conscious Business: How to Build Value through Values* y *The Meaning Revolution: The Power of Transcendent Leadership*.

Mientras estaba en mi certificación en coaching en liderazgo consciente en la CBC, Kofman me propuso y enseñó que el principal reto del líder es transformar la cultura hacia una que permita la expresión individual de la potencialidad de sus miembros, pero también la colaboración para provocar el talento multiplicado que brinda un equipo.

Insisto que estos principios aun cuando están diseñados en ambientes de organizaciones pueden ser aplicados con grandes posibilidades en grupos sociales como la familia y comunidades que tengan el compromiso de impactar, así yo mismo lo estoy ejecutando para una gran comunidad en mi país para crear conciencia y empujar a alinear a las personas a ejercer un liderazgo cuántico.

De acuerdo con Kofman se trata de impactar en la cultura más que solo trabajar en el contenido de una estrategia o plan de trabajo. Como lo dijo magistralmente Peter Drucker, un gran filósofo de los negocios y la administración: *"La cultura se come a la estrategia en el almuerzo"*.

Ya hemos estado hablando de "cultura" como el conjunto de expectativas que los miembros de una organización o grupo poseen acerca de cómo uno debe pensar, hablar y actuar para ser parte. Claro, todo lo anterior basado en entendimientos que vienen de un contexto compartido.

La cultura se aprende a través del ejemplo, así como los niños aprenden la cultura de su familia observando a sus padres. Y de ello trata el liderazgo, de predicar con el ejemplo para transformar la cultura del espacio social determinado. Por supuesto, también de la capacidad de escuchar, negociar y ser creativos para establecer estándares de formas de comportarse que sean aceptados por todos.

Para ello, el líder tiene el reto de interrumpir, diseñar e implementar una nueva cultura, por medio de estos cuatro pasos que enseña Kofman en sus entrenamientos:

1. Definir y acordar estándares.
2. Demostrar los estándares.
3. Exigir el cumplimiento de los estándares.
4. Que los demás exijan el cumplimiento de los estándares.

El líder es una persona capaz de hacer que los miembros de un espacio social acepten estos estándares por resultar ganadores para todos. Si alguien no acepta vivir dentro de ellos será causa constante de conflicto, evitando la alineación y, con ello, inhibiendo la posibilidad de combinar o mezclar potencialidades individuales para lograr un fin común.

La metodología de liderazgo consciente que me enseñó Fred Kofman consiste en establecer esos estándares en un ambiente donde se promuevan siete formas de ser, de relacionarse en un espacio social:

1. Responsabilidad incondicional
2. Humildad
3. Integridad
4. Comunicación efectiva.
5. Colaboración constructiva.
6. Coordinación comprometida.
7. Inteligencia emocional

Y se trata de ser ejemplo de ello. Como dijo Ralph Waldo Emerson: *"Lo que tú haces habla tan alto que no puedo oír lo que dice."*. Por ello, el líder viene de estas formas de ser y las promueve para que sean entendimientos para los miembros de un espacio social que, de acuerdo con Kofman, crean un espacio altamente creativo, productivo, de bienestar y alto rendimiento.

El líder viene de practicar estas formas de ser, de ser ejemplo y congruencia de los estándares que él mismo propone adoptar o acordar como clave para crear un ambiente de confianza en donde dichos estándares pueden ser la regla. Como líder de familia habría que definir acuerdos a los que todos se comprometen a mantener con el fin de que la familia funcione y sea un espacio donde todos puedan ganar como individuos.

El líder de antes impone los estándares sin considerar a los miembros de su familia y sin demostrarlos con el ejemplo, esperando que los demás los cumplan solo por su fuerza y autoridad. Esto ya no funciona en el entorno que te he venido contando.

Voy hacer un breve resumen de las siete características o formas de ser para que sea una guía de lo que podría funcionar promover en los espacios sociales en los que formas parte. Estos principios forman parte de la metodología que enseña Fred Kofman en sus libros y en sus entrenamientos.

1.- Responsabilidad incondicional

La responsabilidad es la habilidad para responder ante una situación. Cuando hablo de responsabilidad incondicional me refiero a que las respuestas no están determinadas por circunstancias externas. Si bien los factores externos influyen en nuestra conducta, siempre tenemos la posibilidad de elegir. Y si esta característica es un estándar en un espacio social, y es la forma de ser del líder, entonces el compromiso es total.

La responsabilidad es fuente de poder e integridad: el poder de influir en tu situación y la integridad de hacerlo de acuerdo con tus valores. La responsabilidad incondicional permite que te concentres en los aspectos de una situación sobre los cuáles puedes influir. La distinción maestra de esta característica es elegir ser víctima de las circunstancias o ser protagonista de los resultados.

Ser víctima quita todo tu poder a cambio de eliminar responsabilidad en ello. Ser protagonista agrega todo el poder a cambio de adquirir la responsabilidad.

2.- Humildad

Las personas vemos el mundo de diversas maneras. El modo en que actuamos frente a esas diferencias nos define y en esta característica, la distinción es ser un sabelotodo, o bien, ser aprendices.

Lo primero para sentir curiosidad es declarar que no sabes. Es por ello que la arrogancia es el signo del sabelotodo, quien asume que es dueño de la verdad; la humildad es el signo del aprendiz, quien busca investigar la perspectiva de las otras personas.

El egoísmo es la creencia inconsciente de que estoy en lo correcto. Yo tengo la razón y quién no esté de acuerdo, está equivocado. Se centra en la creencia de que yo veo el mundo tal cuál es y si el otro no lo ve de la misma manera está equivocado. La convicción de que yo soy el bueno y quién no piensa como yo es malo.

El egoísmo te hace resistente a puntos de vista alternativos, a datos desafiantes, a diferentes creencias. Es imposible interactuar y aprender de los demás si eres un egoísta.

El sabelotodo se limita a obtener nuevas perspectivas y experimenta la falsa ilusión de estar siempre en lo correcto. Por el contrario, el aprendiz cede experimentar esa falsa ilusión alimentada por el ego, a cambio de tener nuevas perspectivas y mantenerse abierto a conocer y evaluar nuevas posibilidades.
Una manera de relacionarte con humildad y empatía:

1. Tomar consciencia de que tus observaciones, opiniones y acciones no son la verdad absoluta, sino que dependen de tu modelo de entendimiento del mundo.

2. Considerar que únicamente tienes certeza en lo que tú ves, piensas, sientes, quieres y cuál es el impacto de las acciones de los otros en ti. Pero no sabes lo que la otra persona ve, piensa, siente o quiere, y cuál es el impacto de tus acciones en ella. Por su parte, la otra persona sabe lo que ella ve, piensa, siente y quiere y el impacto que tus acciones tienen en ella. Mas no sabe lo que tú ves, piensas, sientes, quieres y el impacto de sus acciones en ti.

3. Indaga acerca de la experiencia y el razonamiento del otro. Realiza preguntas que lo inviten a una perspectiva más amplia, a revelar sus inferencias,

suposiciones y generalizaciones.

4. Comparte tu experiencia y razonamiento. Expón tus inferencias, suposiciones y generalizaciones. Explica el modelo de entendimientos desde el que te llevan a observar cómo lo haces; ofrece ejemplos e ilustraciones para aterrizar tus interpretaciones en datos concretos.

5. Verifica tus inferencias acerca de los sentimientos e intenciones del otro. No puedes leerle la mente. Hazle preguntas abiertas dándole la oportunidad de refutar cualquiera de tus entendimientos.

3.- Integridad

La integridad es esencial para el éxito de los individuos, de los grupos o equipos y organizaciones. Sin integridad no hay coordinación, no hay confianza, no hay ética. Sin embargo, la mayoría de las personas se enfocan en el cumplimiento. La integridad implica una intención sincera de cumplir tus promesas, que mantengas tu palabra, incluso cuando no puedes entregar lo que prometiste.

La integridad es un entendimiento que conlleva a un acuerdo o estándar de la manera de conducirse, del valor que todos aceptan en un espacio social determinado. El líder es consciente de la importancia de este elemento como parte del acuerdo social y, por ello, lo promueve como un estándar en la relación.

Considera llevar el valor de la integridad en tu familia, negocios, socios, amigos. ¿Cómo esta forma de ser podría transformar tus relaciones y elevar el potencial de las mismas?

4.- Comunicación efectiva

Manejar las conversaciones difíciles con honestidad y respeto sin sentirnos amenazados o hacer sentir al otro amenazado puede ser un reto, considerando que nos relacionamos automáticamente con una actitud defensiva.

Recuerda que he comentado varias veces que nuestra mente está diseñada para mantenernos en sobrevivencia, por eso nos ponemos a la defensiva de manera automática. Eso deja al descubierto lo peor de nosotros: la arrogancia.

Creemos que sabemos lo que realmente está sucediendo y qué es lo que debe ocurrir, por lo que el objetivo es demostrarle al otro que "yo tengo razón y tú estás equivocado, por eso debes hacer lo que yo digo". Cuando esto sucede, el único resultado posible es un deterioro en la relación, en la que se produce un choque que nos distancia y nos hace perder los sentimientos de solidaridad.

Para perfeccionar las conversaciones difíciles es necesario que modifiquemos nuestras suposiciones y conducta. Es más efectivo asumir que no sabemos toda la verdad y que nuestra contraparte puede proveer información significativa. Por lo tanto, nuestro objetivo debería ser explorar el razonamiento de la otra persona, para entender por qué está pensando lo que está pensando.
"No me importa cuánto sepas hasta que sepa cuánto te importo."
Steven Covey

El primer paso requiere que respires profundamente y que tengas una actitud de honestidad, receptividad y compromiso para escuchar con total atención. La escucha es la forma de ser más efectiva de cualquier líder. Fred Kofman propone siete pasos en este proceso para escuchar y comunicarte con efectividad. Al final del capítulo pondré algunos recursos en video para que aprendas del propio Kofman.

He aquí 7+1 pasos no solo para escuchar, sino también para probarle a tu contraparte que verdaderamente lo escuchas:

0. Escucha. A menos que estés escuchando de verdad, estás mintiendo. Los filtros de una escucha que no es auténtica generan que tu interpretación sea una creación propia. ¿Sientes curiosidad? ¿Tienes espacio en tu mente para la perspectiva de tu contraparte?

1. Concéntrate. Míralo. No hagas nada más. ¿Alguna vez has platicado con alguien que sigue hablando por teléfono y escribiendo correos electrónicos mientras tú le cuentas algo?

2. Quédate callado, deja que termine, no interrumpas. Regularmente hago coaching para ejecutivos que quieren "aprender a escuchar". El principal reto es que deciden interrumpir y no escuchar porque es lo que han practicado por años.

3. Alienta. Asiente con la cabeza. Di "mmm". Parafrasea. Si estás callado y mantienes una expresión neutra, tu interlocutor no sabrá que estás con él. Asentir silenciosamente con la cabeza o parafrasear lo alienta a presentar por completo su punto de vista. Tu atención silenciosa crea un vacío que él llenará de significado.

4. Resume. Repite su punto esencial. Resumir a la otra persona te permitirá aceptar su perspectiva, aun cuando no estés de acuerdo con ella. Cuando dices "entiendo que prefieres que cambiemos las prioridades", no estás diciendo que estás de acuerdo con que sería bueno hacerlo.

5. Verifica. Pregúntale si entendiste su punto y deja que te corrija. Puede que no hayas comprendido lo esencial de su argumento. Quizá lo malinterpretaste, o quizás tu contraparte no supo expresarse. De cualquier manera, al verificar le das la oportunidad de afinar o expandir sus ideas.

6. Válida. Reconoce que tiene un argumento. Al decirle que entiendes por qué ve las cosas de esa forma y mostrando respeto por su inteligencia. Si tú no comprendes, evita culpar con frases como: "No te estás explicando". En vez de eso intenta: "Sé que tienes un punto importante, pero no logro verlo. ¿Me ayudas a entenderlo mejor?"

7. Indaga. Pregúntale qué espera de ti. No puedes leer su mente, así que no sabes lo que quiere. Si supones que sí, lo dejas al azar y podrías fallar. Hay una infinidad de razones para entablar una conversación, te hallarás en terreno más seguro si le preguntas.

5.- Colaboración constructiva

La colaboración constructiva permite a las personas expresarse, comprender las necesidades de todas las partes y crear nuevas soluciones. Se ocupa de las tareas a través de la toma de decisiones por consenso, las relaciones a través del respeto mutuo y la autoestima de cada individuo, a través de la consideración de sus necesidades y valores.

La colaboración constructiva crea nuevas posibilidades. Si te concentras en ganarle al otro en lugar de hacer que ganen ambos, te perderás de encontrar ese espacio donde ambos triunfan. Para crear tanto valor como sea posible, el enfoque es entablar una relación que funcione, y esta clase de relación solo puede fundarse en el respeto por los intereses de todos los individuos que participan en el espacio social.

Este enfoque revela las preferencias y las limitaciones de las personas, las estimula a generar soluciones que vayan más allá de las alternativas originales y maximiza la eficiencia a través de la cooperación. Sin embargo, es la más inusual porque implica cambiar del control unilateral al aprendizaje mutuo.

En este contexto un conflicto no es un problema. Al contrario, es la mejor forma para que los miembros de un equipo colaboren y ayuden al equipo a ganar. Un conflicto entonces es una oportunidad. El problema surge cuando los miembros de un equipo difieren sobre la mejor manera de perseguir un objetivo común. Esto puede deberse a que, como los ciegos proverbiales que fueron a ver al elefante, estén tocando diferentes partes; por lo tanto, el primer objetivo es explorar entendimientos que puedan clarificar desde dónde viene la percepción de la realidad de cada parte.

6.- Coordinación comprometida

Las decisiones carecen de valor mientras no se conviertan en compromisos. Hablar es barato, actuar es caro; es por ello que requiere de compromiso. Un compromiso define claramente quién se compromete a hacer qué y cuándo. Y quién tiene el derecho de exigir el cumplimiento de la palabra dada. Un compromiso típico viene de un pedido aceptado. Para mantener la conversación adecuada, es esencial saber pedir con claridad.
Para hacer un pedido claro debes hacerlo en primera persona, usando un lenguaje directo y dirigiéndote a tu contraparte en la conversación. Debes especificar las condiciones observables de satisfacción, incluyendo el tiempo y exigiendo que la persona te responda con tanta claridad como le pediste.
Recuerda definir el propósito de tu pedido y realizar un contrato verbal. El procedimiento sería de esta manera:

- Con el fin de obtener A (un deseo u objetivo),
- Te pido que entregues B para la fecha C.
- ¿Te puedes comprometer a eso?

Poner el contexto y ser específico en la solicitud hará una gran diferencia.

"Hacer o no hacer... No existe el intentar." Yoda

Tu pedido bien formulado exige una respuesta clara. Solo hay tres respuestas claras que deberías aceptar de tu contraparte:

1. Sí, me comprometo.
2. No me comprometo, declino.
3. No puedo comprometerme aún por... y que presente alguna condición para proceder a su compromiso. Y estas condiciones podrían ser:

    a) Necesito clarificación.

    b) Necesito revisar algo (que pueden ser recursos, prioridades, etcétera). Me comprometo a responder en X fecha.

    c) Quiero proponerte una alternativa.

    d) Puedo hacerlo siempre que obtenga Y para la fecha Z.

Cualquier otra respuesta es una falsa promesa y no es aceptable. Aquí hay algunas maneras interesantes mediante las cuales las personas suelen pretender aceptar tu pedido cuando en realidad no se están comprometiendo:

- Sí, voy a tratar.
- OK, déjame ver qué puedo hacer.
- Veremos qué pasa.
- Haremos lo mejor que podamos.

Es esencial que, si recibes alguna respuesta de este tipo, confrontes a tu contraparte para aclarar el compromiso. Cuando el compromiso es claro existe una gran probabilidad de coordinar con efectividad y establecer acuerdos claros que pongan un contexto alineado desde el cual vienen las personas al coordinarse, evitando drama y falsas expectativas.

Cuando tu contraparte te dice: "Me comprometo", asume la responsabilidad de honrar su palabra incondicionalmente. Al comprometerte con integridad debes tener la intención de mantener tu promesa y que todos en el espacio social tengan esta intención como parte de la cultura.

Si tu contraparte no cumple su promesa, que es su compromiso, entonces buscas un reclamo efectivo.

- Verifica el compromiso, explorando su cabal entendimiento.
- Pregunta ¿qué pasó?, y escucha con atención.
- Negocia un nuevo compromiso.

Ahora bien, un líder consciente que establece un estándar compartido puede aprovechar el reclamo efectivo para asegurarse de generar un acuerdo más elevado, uno que se refiera a entender que una vez que un compromiso se ha creado cuales son los desenlaces posibles.

Esta referencia es crear contexto, es transformarlo, es establecer las bases para una cultura en la que las relaciones serán sanas y un espacio en donde la colaboración y coordinación puede alcanzar un alto potencial.

7.- inteligencia emocional

Los sentimientos inconscientes pueden bloquear tu proceso de toma de decisiones porque las decisiones apropiadas requieren un estado de conciencia relajada, el cuál es muy difícil de alcanzar sin un entrenamiento en atención plena. Cada emoción es útil si sabes cómo trabajar con ella.

La inteligencia emocional significa abrazar la emoción y desafiar el pensamiento. Las emociones negativas pueden ser alarmas y considerarlas es parte de tu diseño de sobrevivencia. El tema, al ser inteligentemente emocional, implica no dejar que te secuestren y hacer efectiva su función de alarma, de tal forma que te anticipes y consideres el aviso de manera creativa y proactiva.

La inteligencia emocional radica en reconocer las emociones, saber cómo trabajar con ellas o usarlas pero que no te usen;

y como líder tener la habilidad de hacer ese mismo trabajo con las emociones de los demás. Como puedes darte cuenta la integridad y la inteligencia emocional son ingredientes lubricantes para la efectividad de las relaciones. Y el líder consciente es emocionalmente inteligente e íntegro, mientras promueve que estos sean valores y habilidades que compartan los demás en un espacio social.

Esta serie de conceptos y entendimientos los he tomado de mi entrenamiento en CBC, leyendo la propuesta intelectual de Fred Kofman en sus libros y accediendo a material de su autoría.

Ahora, ¿qué tiene que ver este entendimiento para ejercer el liderazgo y ser un líder con el concepto de liderazgo cuántico? La propuesta educativa de Kofman me parece muy práctica y aplicable y la traigo para que puedas utilizarla. Sin embargo, hay algunos principios de la mecánica cuántica adicionales que potencian el liderazgo y, a eso yo le llamo liderazgo cuántico.

Líder cuántico

Un líder cuántico es un ser cuántico siendo líder consciente, viviendo en el entendimiento de un mundo que se transforma, relacionándose con él de manera efectiva, abierto a las transformaciones y siendo parte de ellas, desde el entendimiento de los principios de la cuántica.

El líder cuántico tiene maneras de ser muy especiales que voy a describirte, buscando que te haga sentido y sea una guía para convertirte en él.

Maneras de ser relacionarse con el mundo de un líder cuántico:
- Viene del futuro y no del pasado.
- Vive constantemente en espacios de incertidumbre donde puede crear nuevas posibilidades.
- Experimenta la transformación e innovación, más de tipo exponencial y disruptivas, que del crecimiento lineal tipo

mejora continua.

- Su filosofía viene de autodefinir su propósito como un ser en constante innovación, un ser que su definición depende de la manera de relacionarse con el mundo, en lugar de un ser que ya es de una manera definida inherente a su espíritu o esencia divina.

Exploremos estas maneras de relacionarse con el mundo de un líder cuántico.

Viene del futuro y no del pasado y vive en espacios de incertidumbre para crear nuevas posibilidades

Una de las principales maneras en que experimenta la vida el líder cuántico, además de ser un líder consciente, es que viene del futuro en lugar de venir del pasado. Elige navegar en espacios de incertidumbre, utiliza la cuántica para ser un observador consciente e intencional de lo que desea crear y está constantemente cuestionando los supuestos fundamentales desde los cuales vive su vida, mientras inspira y mueve a otros a hacer lo mismo con el propósito de crear nuevos espacios de acceso a nuevas posibilidades.

¿Qué es la tecnología de transformación cuántica?

John Hanley, a quien ya he mencionado, es el creador de la trilogía de entrenamientos de transformación cuántica que ha impactado ya a millones de personas y es diseñador intelectual y maestro de miles de líderes y entrenadores con cientos de distinciones. En su obra *Todo es Perfecto*, el autor define la transformación cuántica de esta manera:

"La tecnología de transformación cuántica es la oportunidad de descubrir y rediseñar los supuestos fundamentales desde los cuales vives tu vida; tal que, experimentas un profundo giro en tu habilidad de relacionarte con otros y contigo mismo, empoderándote a conectar con tus compromisos de corazón, con pasión y libertad."

En este contexto de la tecnología de transformación cuántica, y en mi propia definición, un líder cuántico es quien inspira y mueve a los demás a descubrir y rediseñar sus propios supuestos fundamentales.

Lo hace desde su ejemplo íntegro y congruente siendo factor para que las personas experimenten un giro en la manera de relacionarse consigo mismos, con los demás y con el mundo; de esta manera puedan tener acceso a lo que ha sido imposible en sus vidas hasta ese momento, mientras promueven que ello continúe como un estilo de vida.

Y, por supuesto, el líder cuántico práctica formas de ser de un líder consciente, genera estándares y acuerdos para crear contextos poderosos donde ocurren los descubrimientos de los supuestos fundamentales y también los giros de los que hablo en el párrafo anterior. Inspira con su ejemplo y genera que todos cuiden del cumplimiento de estos estándares.

Práctica formas de ser alineadas con la integridad, inteligencia emocional, comunicación, colaboración y coordinación efectiva, y también busca formas de inspirar y mover a los demás, siendo un líder consciente.

Una distinción relevante de un líder cuántico es desde donde viene y la manera de relacionarse con la incertidumbre. El líder cuántico viene del futuro y no del pasado considerando los principios y entendimientos que proporciona la mecánica cuántica.

Carlo Rovelli es un físico y escritor italiano que ha desarrollado una teoría sobre el tiempo y la relatividad llamada relatividad estadística. En su libro *El orden del tiempo* argumenta que el tiempo no es una realidad fundamental, sino una construcción humana utilizada para organizar y entender el cambio.

Según Rovelli, el tiempo es simplemente una forma en que organizamos la información sobre el mundo a nuestro alrededor y no es más real que cualquier otra forma de organización, como el espacio o el tamaño.

Además, el autor italiano sostiene que la relatividad de Einstein muestra que el tiempo es relativo; es decir, que el tiempo transcurre de manera diferente para diferentes observadores, y que es un concepto subjetivo.

Propone que el tiempo es una construcción humana utilizada para organizar y entender el cambio, ya que no es una realidad fundamental.

En este sentido, el líder cuántico observa y se relaciona con el tiempo de una manera que le permite organizar sus formas de ser en el mundo viniendo del futuro deseado. Esta manera de relacionarse con el tiempo no es una verdad absoluta, como todo, pero es un entendimiento que le brinda acceso a organizar su intervención en el mundo con poder creativo.

Considera la película de *Back to the future* como una metáfora ejemplo. Hay una escena en la que el joven protagonista viaja al pasado, justo antes del enamoramiento de sus padres. Su mamá siendo una joven se empieza a enamorar de él, o sea de su hijo. El protagonista llevaba una fotografía en la que aparecen él y sus hermanos; sin embargo, la imagen empieza a desaparecer porque ante los hechos, las probabilidades de que sus padres se enamoren, se casen y tengan hijos va disminuyendo. La trama ocurre en la misión del protagonista viajero del tiempo de asegurar que sus padres se encuentren y se enamoren para asegurar su existencia y la de sus hermanos.

El líder cuántico considera que lo fundamental son los eventos que ocurren y que se relacionan entre sí, siendo que un fenómeno observado y vivido del pasado, ya es un "colapso de onda de posibilidad". En este sentido la onda de posibilidad colapsó y ya hay una partícula en un lugar determinado; es decir, ya hay un hecho consumado. Ahí no es un espacio para crear, por ello, el líder cuántico deja ese espacio de intervención a los terapeutas, psicólogos e historiadores, ya que en el pasado ya no existe una posibilidad de intervenir que no sea para interpretar de una manera que lo empodere y le brinde feedback.

Por eso, el líder cuántico se relaciona con lo que es, aceptándolo totalmente y estando en paz con lo que ha sido, en total gratitud. Y se enfoca con entusiasmo en el espacio en donde puede intervenir y crear, abriendo posibilidades. Por ello cuida que su observación no venga del pasado y es cauto en su lenguaje e intencionalidad para proteger la manera en que se relaciona con el mundo en el espacio que no ha ocurrido aún y relacionando los eventos y acontecimientos que desea que existan en el futuro con su intervención en el presente.

El líder cuántico se relaciona con el tiempo considerando que es una construcción humana para organizar el cambio, por ello, se anticipa y tiene influencia total en los eventos.

El líder cuántico además es capaz de saltar a espacios de incertidumbre con maneras de ser irrazonables, tomando riesgos y haciendo nuevas observaciones con intencionalidad para acceder a nuevas posibilidades, relacionando los eventos deseados del futuro con su intervención en el presente. El líder cuántico tiende a desaparecer de la forma que ha ocurrido, para dejar que aparezcan las posibilidades de formas de ocurrir. E inspira y mueve a otros a hacer lo mismo.

Es una manera muy poderosa de ser en el mundo que abre la posibilidad de transformar toda la humanidad. Es por ello que personas como John Hanley han dedicado su vida a promover este estilo de vida y mover a la humanidad para crear un mundo que funcione para todos.

Tú puedes ser un líder cuántico practicando el liderazgo consciente, inspirando y moviendo a otros con tu ejemplo, congruencia e integridad; practicando vivir en un espacio de incertidumbre donde es posible intervenir para crear y alterar los eventos que ocurren en el tiempo. Considera que no me refiero a un futuro lejano como en la visión clásica hemos estado acostumbrados a experimentar, sino un futuro inmediato.

Ser un líder cuántico te brinda un enorme poder junto con una gran responsabilidad. Lo mejor es que no concluye hasta el día de tu muerte, es una práctica continua que se convierte en un estilo de vida, ya que se adapta como principal propósito: vivir, que es participar activamente en crear.

Líder cuántico es transformación, habita en crear e inventar en lugar de habitar en la mejora continua

Mejorar implica realizar cambios o ajustes a algo existente con el fin de hacerlo más eficiente, efectivo o útil. Por ejemplo, mejorar un proceso de trabajo puede incluir eliminar obstáculos o automatizar pasos para hacerlo más rápido y eficiente.

Inventar, por otro lado, implica crear algo completamente nuevo. Esto puede ser un producto, proceso o servicio que no existía previamente. La inventiva implica la aplicación de la creatividad y la innovación para generar algo que no había antes.

- **Mejorar.** 1. Cambio o progreso de una cosa que está en condición precaria hacia un estado mejor.
- **Inventar.** verbo transitivo. 1. Crear, diseñar, idear o producir alguna cosa nueva que antes no existía.
  Fuente: Oxford Languages.

Un líder cuántico habita en el inventar, mientras que el líder consciente está en el mejorar. Por ello, muchas escuelas clásicas de coaching y desarrollo personal, al menos en aquellas que yo mismo me he formado, se enfocan en mejorar, arreglar, avanzar de un estado a al b.

El líder cuántico va del punto a al z. Y para inventar, muchas veces hay que destruir lo que hay. Esta distinción es clave en la manera de hacer coaching clásico, que es diferente a hacer coaching cuántico. Demoler lo que no funciona para inventar algo totalmente nuevo.

Por ello el líder cuántico toma tanto riesgo, porque en el lugar que habita no hay garantías, es totalmente nuevo. Pero la distinción clave es que el líder cuántico viene del futuro, como ya explicamos, y por eso no tiene nada que perder porque ya es consciente que murió en el futuro y esta experiencia le proporciona la lógica para saber que, en realidad, no tiene nada que perder.

En el siguiente capítulo te explicaré las distinciones clave que te van a permitir acceder y experimentar el poder de un ser cuántico: la muerte, el riesgo y la urgencia.

La filosofía del líder cuántico viene más del existencialismo que de la filosofía clásica

El líder cuántico puede autodefinir su propósito en la vida, es consciente de ello porque viene de no tener un propósito inherente. Un Ser Cuántico se experimenta y define en función de su próxima observación, más que de la previa. Y él elige su próxima observación y su manera de expresarla es describiendo la forma que escoge de relacionarse con él mismo, con los demás y con el mundo.

Vamos a compartir más de la corriente filosófica que da sustento a lo que significa ser en el mundo, y muchas otras distinciones que son claves para entender la diferencia entre un líder consciente y un líder cuántico.

Mientras tanto, en los ejercicios de este capítulo te apoyaré a que practiques liderazgo utilizando tu escucha y la reflexión en relación con los demás y con lo que desean. A qué referimos con un ganar-ganar para que te enfoques en crear nuevas posibilidades de relaciones y acuerdos en los que todos ganan y practiques la manera de transformar contextos.

Recursos Del Capítulo:

- Explicación de la Ley de Moore tomada de Youtube.

- Entrevista a Vivian Lan, representante de Singularity University en México hablando de tecnologías exponenciales.

- Peter Diamandis explica el crecimiento exponencial en comparación con el pensamiento lineal.

- Peter Diamandis: Aprovechar la tecnología exponencial para cambiar el mundo. Pensamiento Moonshot 10 veces en lugar de 10%.

- Explicación por Fred Kofman sobre cómo el líder consciente crea cultura negociando o cocreando estándares.

- Explicación de Fred Kofman sobre cómo crear un equipo comprometido.

Ejercicios Del Capítulo.

- Retoma el ejercicio del capítulo anterior sobre la escucha que realizaste en tu familia, negocio, socios, amigos, o cualquier espacio social que estás comprometido a transformar. De esa escucha crea una narrativa sobre valores y maneras de alinearse para que todos ganen.

- Una vez con esa narrativa vas a ejecutar una o varias conversaciones para proponer y cocrear estándares y acuerdos ganadores para todos, que provoquen que funcione el espacio y la relación para potenciar a todos y beneficiarse de estos entendimientos, acuerdos y estándares alineados. Recuerda utilizar las maneras de ser del líder consciente.

- En las conversaciones te invito a que vengas del futuro en el que ya eres un líder cuántico, en el que tienes evidencia de ser maestro en inspirar y mover a las personas. Desde ahí dibuja un futuro en el que tu contraparte gane, describe ese futuro: ¿cómo sería si acepta comprometerse con los acuerdos que le propones? Asegúrate que los estándares o acuerdos a comprometerse sean muy claros y que puedan mostrar evidencia de su cumplimiento.

- Puedes encontrar recursos para realizar estas tareas en el capítulo 7, considerando otros elementos adicionales de intimidad, vibración y maneras de crear pedidos, realizar promesas y generar nuevos acuerdos que te den acceso a una nueva realidad, imposible hasta ahora.

CAPÍTULO 6: MUERTE, URGENCIA Y RIESGO

E n la filosofía como área de estudio y reflexión, la muerte es un gran tema, toda vez que los humanos somos los únicos seres que somos conscientes de ella, podemos expresarla en el lenguaje y otorgarle un significado. La muerte genera una gran angustia.

Para el filósofo Martin Heidegger, la muerte es el fin de la existencia individual y es una de las principales preocupaciones en su filosofía. Sostiene que la muerte es algo que nos es dado a todos y que es inherente a la condición humana. No podemos evitarla ni escapar de ella, y nos obliga a enfrentar la finitud de nuestra existencia. En su obra *Ser y Tiempo*, Heidegger sugiere que la muerte es lo que da sentido a la vida y nos permite comprender nuestra propia existencia en términos de nuestra relación con el fin.

- **Muerte.** 1.- Fin de la vida.
  Fuente: Oxford Languages.

El tema de la angustia que tenemos los humanos por vivir es ampliamente contemplado por la filosofía; no solo nos angustia la muerte, también las decisiones que tomamos, que sean las correctas, porque al decidir dejamos atrás posibilidades o perdemos oportunidades.

Søren Kierkegaard fue un filósofo danés del siglo XIX. Es conocido por su obra en la que aborda temas como la religión, la existencia humana y la moral. Una de sus principales contribuciones a la filosofía es su concepto de la "angustia existencial", que se refiere a la sensación de ansiedad e incertidumbre que sentimos los humanos cuando nos enfrentamos a la responsabilidad de tomar decisiones importantes en nuestras vidas y a la posibilidad de elegir nuestro propio camino.

Kierkegaard sostenía que el ser humano es libre para elegir su propia forma de vida y que esta libertad es, a la vez, una fuente de ansiedad y de posibilidades.

La angustia es un estado que, sin duda, es parte de nuestro diseño de ser humano; frecuentemente, nos provoca parálisis por el miedo a fracasar o perder, nos hace lentos a tomar decisiones, a posponer acciones, en una palabra, a vivir. Vivir nos produce ansiedad, pero morir también.

Martín Heidegger se interesó mucho por la muerte y su relación con la vida y el ser humano. Establece que la muerte es una parte esencial de la condición humana y que es fundamental para la comprensión de nuestra propia existencia.

Para él, la muerte es algo que le da sentido a nuestra vida porque nos obliga a reflexionar sobre nuestro propósito y nuestro lugar en el mundo. Además, Heidegger sostiene que la muerte es lo que nos da la posibilidad de tomar decisiones y asumir responsabilidades, ya que es a través de la muerte que podemos darnos cuenta de que nuestro tiempo es limitado y que debemos aprovecharlo al máximo.

Por otro lado, el filósofo francés René Descartes, tenía una visión bastante diferente de la muerte que la de Heidegger. Aunque creía que la muerte era inevitable y que tarde o temprano todos debíamos enfrentarla, también sostenía que la muerte no era realmente algo a temer.

Según Descartes, la muerte era simplemente el fin del cuerpo y la vida física, pero no del alma o el espíritu. Plantea que el alma es inmortal y no podía ser destruida por la muerte, por lo que la muerte no era algo a temer sino más bien una transición hacia una vida mejor y más perfecta. Creía que el alma era una parte esencial de nuestra identidad y que continuaría existiendo después de la muerte del cuerpo.

Las ideas de Descartes han sido y siguen siendo muy influyentes en los actuales entendimientos que vivimos en nuestra época, que propone un ser humano fijo con un propósito inherente y un alma inmortal. Recuerda que este filósofo vivió en un momento de la historia en donde la iglesia católica tenía mucho poder político en Europa y era sumamente influyente en las ciencias, arte y pensamiento intelectual de aquél entonces.

En la Edad Media se esperaba que la gente siguiera los principios de la iglesia católica de manera muy estricta. La iglesia era la principal institución en Europa y tenía un gran poder y autoridad sobre la vida de la gente. Sus principios incluían la creencia en Dios, la obediencia de los mandamientos y los sacramentos y el respeto por la autoridad eclesiástica. Los principios de la iglesia también incluían la pobreza y la humildad esperando que la gente viviera de acuerdo con ellos. Los que no cumplían con estas normas podían ser castigados o excomulgados. Considera que un factor para tener tanto poder es ejercer la autoridad para dar el "pase" a la gente para ir al paraíso después de morir.

Friedrich Nietzsche, filósofo alemán, fue muy crítico de la autoridad de la iglesia y del papel que había jugado en la historia occidental. Creía que la iglesia había sido utilizada como una herramienta para controlar a la gente y mantener el poder de las élites. También señaló que la iglesia había pervertido el cristianismo original, presentando a la iglesia católica como una religión de sumisión y debilidad en lugar de una fuente de fuerza y libertad. Solo reconoce de dónde viene nuestro entendimiento de vida eterna o inmortalidad, desde qué contexto y porque está muy arraigado en nuestro paradigma y se mantiene de generación en generación.

Te invito a considerar que los seres humanos vivimos en angustia constante por cada decisión que tomamos en la vida, por fracasar o perder, y, además, la angustia de saber que vamos a morir. De ahí que sea muy consolador pensarnos "eternos" de alguna manera. Eso nos apoya en el proceso para enfrentar esa angustia.

Por otro lado, identifica el pensamiento de Martín Heidegger y piensa en todo lo que nos perdemos por pensarnos "inmortales", muchas veces postergando, guardando, cuidándonos, sobreviviendo, siendo "cuidadosos" a mantenernos dentro de ciertos entendimientos que nos "conceden" ganarnos el "paraíso eterno" después de la muerte.

Ahora bien, analiza cómo cambia la perspectiva de tu vida al pensar que terminará y no habrá un "más allá". Es angustiante, sí. Pero también reconoce todo lo que podría apoyarte si vives de manera plena, participando totalmente, valorando cada minuto, tomando riesgos para buscar lo mejor de esa única vida que tendrás. Siendo urgente, haciendo las cosas que deseas y dejando de postergar, tal vez dejando de sobrevivir sabiendo que esa nunca la vas a ganar.

Cuando hablo de sobrevivir en los párrafos anteriores me refiero a la sobrevivencia social que hemos adoptado en la vida: lucir bien, tener la razón, mantener el control, tener excusas, evitar el dolor y la incomodidad. Esa es la manera que sobrevivimos socialmente.

Hablaré de esta sobrevivencia más adelante, la quise traer justo ahora para que tenga sentido en la idea de no querer arriesgarnos en caer en las consecuencias de esta sobrevivencia social. Pero al pensarnos mortales, buscar mantener esa sobrevivencia pierde todo sentido. Ante la muerte, la sobrevivencia social tiene nulo poder, no hay forma de ganarle a la muerte. ¿Para qué sobrevivir si de antemano sé que no lo lograré?

No es necesario que imagines cómo sería ser consciente de tu mortalidad, solo basta con observar la vida de alguien que tiene alguna enfermedad terminal y está consciente que le queda poco tiempo de vida. Ante esta circunstancia muchos aprecian la vida de manera muy especial: cada minuto del día, observar el cielo, escuchar cantar un pájaro por la mañana, experimentar un hermoso atardecer, bueno tal vez hasta una buena discusión con tu pareja.

Al saberse con poco tiempo de vida, estos seres humanos son capaces de apreciarla de una manera muy valiosa y dejan de sobrevivir: lucir bien, querer tener la razón, mantener el control, tener excusas, evitar el dolor o la incomodidad. Dejan de postergar y tienen urgencia por aprovechar al máximo el tiempo que les queda. Pueden con facilidad decir te amo, ejecutar el proyecto, escribir su libro, hacer su video, irse de viaje, apreciar la ejecución, disfrutar el proceso, apreciar la vida.

Entender la muerte como parte de la vida nos lleva a apreciar la vida, a disfrutarla de una manera especial, a valorar el tiempo y abandonar la tentación de desperdiciarlo en tonterías, miedos, frivolidades... nos lleva a otro tema que un Ser Cuántico distingue y es: ser urgencia.

Ser urgencia

Ser urgencia se refiere a vivir sin dejar de postergar, participando totalmente en la vida, viviendo en el presente con toda intensidad.

- **Urgente**. adjetivo. 1. Que requiere ser realizado o solucionado con rapidez o lo antes posible.
  Fuente: Oxford Languages.

La vida se vuelve urgente cuando viene del entendimiento que terminará y no sabes cuándo. Un Ser Cuántico viene del futuro en el sentido de visualizar a lo que tiene acceso en su vida y, desde ahí, está comprometido a vivir bajo los estándares que le den acceso a ese estilo de vida.

Es urgente vivir bajo esos estándares toda vez que no se tiene tiempo disponible para desperdiciar, cada día es una gran oportunidad. Además, el Ser Cuántico viene de las posibilidades del futuro, de observarse en él, y no hay nada más certero que saber que vamos a morir. Venir desde que ya moriste, y al regresar al momento presente donde tienes vida, es una experiencia increíble que te permite apreciarla enormemente.

Lo contrario a ser urgente es postergar, dejar de hacer, analizar mucho y tener parálisis a la hora de llevarlo a cabo. Alguien no es urgente cuando tiene pavor a fracasar, a perder, a tomar riesgos, a asumir las consecuencias por hacer algo y que no salga como esperaba.

Tal vez engañado por estar nadando dentro de la zona del entendimiento de que tiene algo que perder y no siendo consciente de su mortalidad. En ese caso prefiere no hacerlo. Y esta forma de ser es normal y razonable para alguien que, en su filosofía de la vida ya sea consciente o inconsciente, cree que el juego de la vida se trata de no fracasar o de no cometer errores.

Venir desde ese entendimiento nos relaciona con la vida como si esta fuera ilimitada, como si estuviéramos viviendo un ensayo y que próximamente habrá más u otra, y en este sentido es fácil de desperdiciar.

Considera además venir desde un entendimiento de que en la

vida ya tienes un propósito o misión inherente y establecida desde antes de nacer y además, que eres fijo; lo que tienes como resultado es resignación a lo que "te tocó".

En este contexto de entendimiento, es algo que ya estaba determinado, es fijo y así seguirá, incluso cuando mueras tu alma seguirá flotando o irá al cielo bajo la misma "esencia" de quién eres, o tal vez, hasta ese momento será una oportunidad para transformarte, quizás ahí sí te "toque algo diferente".

La resignación es una emoción o estado que podría describir bajo este entendimiento, al cual estamos tan acostumbrados como humanos que ni siquiera lo notamos ya.

Ser urgencia es apreciar la vida en el presente y relacionarte con el mundo como un explorador aprendiz que desea llevar al máximo lo que pueda obtener de ese proceso temporal llamado vida. Desde este contexto, mantenerse en una zona segura no tiene sentido, ya que significa permanecer resignado sin participar, mientras la vida es la posibilidad de participar, de ser vivida.

Venir desde que el propósito es tener éxito, lucir bien o estar cómodo, en lugar de venir desde que el propósito es participar hace una enorme diferencia. Probablemente, el único sentido de la vida es participar, sin garantías... bueno la única es que viene en combo con la muerte.

Tomar riesgo para crear desde la incertidumbre, en un contexto de entendimiento de que vas a morir y que tienes urgencia de aprovechar al máximo ese proceso temporal llamado vida, es vivir, es participar. Tal vez el juego de la vida no se trata de tener éxito. ¿Qué tal que más bien se trata de participar totalmente, creando? ¿Qué tal que es a lo que tenemos acceso al estar vivos? ¿Estás viviendo, estás participando o estás resignado?

Estar en riesgo

El riesgo es un término que se utiliza para describir la posibilidad de que algo suceda, especialmente algo negativo o indeseable; o que no suceda, si es algo positivo deseable. Es una medida de la incertidumbre o de la probabilidad de que ocurra un evento específico. Puede ser utilizado en diferentes contextos de la vida, finanzas, relaciones, negocios, etcétera.

Tomar riesgos puede abrir nuevas oportunidades que de otra manera no estarían disponibles. Por ejemplo, invertir en un negocio en etapa temprana puede proporcionar un gran retorno si el negocio tiene éxito, pero también implica un riesgo si fracasa.

Considera que tomar riesgos, en el ámbito personal, puede apoyarte a superar miedos y limitaciones: a transportarte a un espacio de confianza y autoestima. Y que también el proceso de tomar un riesgo implica aprender nuevas habilidades y adquirir nuevos conocimientos, lo que puede ser valioso tanto a nivel personal como profesional.

Solo analiza que tomar riesgos te da acceso a vivir más plenamente y aprovechar al máximo tu vida. Por ejemplo, viajar a lugares desconocidos o probar nuevos alimentos puede ampliar tu perspectiva y enriquecer tu experiencia de vida.

Recientemente llevé a mis hijos a una fiesta infantil en un fraccionamiento donde viven personas de un estrato económico social alto, el cual era muy seguro, cerrado, muy privado. Aprovechando esta condición mi esposa y un servidor decidimos llevar las bicicletas de nuestros hijos para que aprovecharán y pasearan en bici en este espacio tan adecuado. Las bicicletas de mis hijos ya son viejas y medio desgastadas, aun así, varios niños de la fiesta se entusiasmaron de usarlas. Prácticamente había fila para que pudieran andar en ellas. Recuerdo que una de las madres invitadas a la fiesta salió muy preocupada gritándole a su hijo que se bajara de la bicicleta. "Te puedes caer. Bájate ahora mismo". Esa escena me desconcertó muchísimo al hacer empatía con ese niño que pasará su infancia sin "rasparse las rodillas", muy seguro, pero dejará de tener esa extraordinaria experiencia que solo se tiene de niño.

Por supuesto que pasear en bicicleta cuando éramos niños nos ponía en riesgo, pero es lo que viene en paquete con esa gran experiencia de diversión y libertad que la mayoría de los niños afortunados experimentamos.

¿Cómo es en tu vida esta metáfora de andar en bicicleta? ¿Estas evitando el riesgo del dolor y, por ello, mejor no enamorarse para evitar que nos rompan el corazón de nuevo? ¿Estas evitando ese emprendimiento para no fracasar? ¿Qué estas evitando para no perder, sufrir o experimentar el dolor? ¿Te estás callando para evitar ser juzgado o criticado? ¿No será que al hacerlo te pierdes también de la extraordinaria experiencia de vivir?

Como lo hemos descrito a detalle en capítulos anteriores, muchos avances y logros importantes en la historia de la humanidad han sido el resultado de personas que han tomado riesgos y han sido valientes para innovar y pensar "fuera de la caja", o sea fuera de los entendimientos dados o establecidos en un momento determinado.

Te invito, amigo lector, a considerar que el riesgo no siempre es algo negativo, y que tenemos disponible no solo la probabilidad del evento indeseado, sino también el potencial beneficio.

Considera que el riesgo es un espacio fértil y un contexto de acceder a lo que hasta ahora ha sido imposible para ti porque al estar en riesgo abres nuevas posibilidades que antes no existían. Claro que no hay garantías de que vaya a funcionar, pero ya no permanecerás en ese espacio en el que has estado sin acceso a lo que deseas crear. Ya lo decía Albert Einstein en su definición de locura: "seguir haciendo lo mismo y esperar resultados diferentes".

Saber que vamos a morir, pensarnos mortales, nos lleva a vivir en urgencia y a estar enfocados en apreciar estar vivos, viendo lo importante, aprovechando al máximo el tiempo. Ahora considera que el riesgo es un aliado en Ser Urgente.

Moverte a asumir riesgos para abrir nuevas posibilidades desde este entendimiento no parece una locura, sino todo lo contrario. Incluso, bajo esta óptica, mantenerte resignado sin tomar riesgos, sin tener urgencia sabiéndote mortal sí parece una locura, una situación muy absurda en la que la mayoría de los humanos habitan.

El triángulo de la creación

El espacio que se crea al tener consciencia de venir desde la muerte es de urgencia y riesgo. Es de alta potencia para crear, para convertirte en un ser creativo, innovador, disruptivo, valiente y arriesgado. La muerte te apoya a estar en urgencia y a toma riesgos.

He llamado a este espacio el triángulo de la creación de lo que hasta hoy ha sido imposible. Aquí quieres vivir como Ser Cuántico, venir del futuro donde lo que vas a crear ya existe, donde la muerte es un hecho y tu vida es finita, y donde ponerte en riesgo tiene todo el sentido del mundo, porque eres consciente de que el juego ya está perdido. Lo único que te queda es jugar, al jugar es como puedes ganar el juego.

El filósofo Martin Heidegger habla de la libertad humana como la capacidad de tomar decisiones y asumir responsabilidad por las acciones. Asevera que la libertad humana se basa en la posibilidad de "existir" y tomar decisiones conscientes y libres; esto es, ser libres para tomar decisiones y actuar en el mundo.

Heidegger también señala que la libertad humana no es algo dado de antemano, sino que hay que crearla, cultivarla y desarrollarla por medio de la reflexión. Además, argumenta que la libertad humana no es algo absoluto, sino que está limitada por nuestra finitud y nuestra condición humana.

Para Søren Kierkegaard la libertad humana es la capacidad de elegir y tomar decisiones conscientes y que esta capacidad es lo que nos distingue de los demás seres vivos. Aunque la libertad humana es esencial para la vida auténtica, Kierkegaard señala que esta libertad puede ser fácilmente perdida a través de la inautenticidad, el conformismo y la falta de reflexión.

Por supuesto la libertad se ejerce en el marco de los entendimientos que tenemos, del nivel de conciencia de lo que está en nuestro poder, del entendimiento sobre lo que es posible y lo que es imposible. En este punto, de nuevo el riesgo es un gran aliado para "romper" esas fronteras formadas por entendimientos y abandonar la tentación de percibirlos como verdades absolutas.

A mayor nivel de conciencia, mayor es la posibilidad de ejercer la libertad. Al tomar riesgo por estar en una zona de desconocimiento e incertidumbre puedes abrir la posibilidad de descubrir y abrir nuevos entendimientos y, con ello, nuevas posibilidades.

La puerta para acceder a lo imposible está en la zona del triángulo de la creación: muerte, urgencia y riesgo. Esta es una zona de creación al permitirte explorar nuevos entendimientos, que pueden producir nuevas formas de relacionarte con el mundo y las circunstancias que alrededor de tu vida ocurren.

Normalmente asumimos que la vida estará ahí mañana. Pero si somos conscientes de la muerte como condición de la misma vida y de la existencia del ser, la urgencia y el riesgo no parecen tan irracionales. En este contexto existencial, tus formas de ser, tus maneras de relacionarte con el mundo y con las circunstancias son la creatividad, el espíritu de exploración y la valentía.

Recursos Del Capítulo:

- Documental sobre Ser para la Muerte como perspectiva del pensamiento del filósofo Martin Heidegger.

- Cuento de Jorge Bucay "Las Alas son para volar" ¿Prefieres resignarte o asumir riesgos?

Ejercicios Del Capítulo:

- Haz una lista de todos los futuros "imposibles" a los que aspiras tener acceso, y que estás comprometido a crear en tu vida. Aquello por lo que vale la pena ponerte en riesgo en el proceso de crearlo; aquello que al saber que tu vida está limitada por tu condición estás determinado a experimentar. Tal vez es emprender un negocio, formar una hermosa familia, iniciar una carrera u oficio, aprender idiomas, viajar a determinados lugares, publicar tu arte, etc. Enlista esas actividades o cosas como si fueran tus deseos más valiosos a los que aspiras tener y experimentar al estar vivo o viva.

- Haz una meditación en un espacio tranquilo con música relajante y viaja al futuro visualizando el acceso a esa realidad. ¿Cómo es tu vida teniendo acceso a hacer todo lo que es importante para ti? Lo más importante: ¿cómo eres en el futuro? ¿Cómo es tu forma de ser y de relacionarte con el mundo?

- Después de la meditación anota en una hoja tu visualización y tus maneras de ser en las que ya tienes los recursos y las posibilidades para realizar lo que deseas.

- Haz una meditación diaria que te empodere, visualizando tu nueva realidad y experimentando gratitud por estar vivo o viva y tener la oportunidad de tomar los riesgos para lanzarte por esa realidad que anhelas.

- Visualiza los riesgos asociados con exponerte en pro de la experiencia u objetivo que anhelas y compáralo a la experiencia que te compartí de aprender a andar en bicicleta. Considéralo como parte del "paquete" de lo que se llama vivir. Compáralo con terminar con tu vida sin haberlo intentado.

- Practica cada día sin postergar las formas de ser que te dan acceso a esa realidad. Pon urgencia en crear ese día, esa semana, ese mes, ese año, lo que sea que estás comprometido a crear.

CAPÍTULO 7: SOMOS UNO MISMO

U n mundo conectado e interdependiente. La perspectiva del planeta Tierra desde el espacio es una bellísima imagen que produce la experiencia de ver la unidad de la humanidad en la inmensidad del universo. Una experiencia que, gracias a la tecnología espacial, podemos tener en foto, video o hasta en una transmisión en vivo de una navegación espacial.

La experiencia de la unidad de los humanos también se ha incrementado gracias a las tecnologías de comunicaciones y redes sociales, pues vivimos en un mundo cada vez más comunicado. Lo mismo con la tecnología de transporte que nos permite viajar de un punto a otro del planeta de manera más rápida y la interacción que experimentamos de un planeta conectado como nunca. Lo que ocurre en algún lugar del mundo afecta a las personas que vivimos en otro. La calidad del medio ambiente y el uso de los recursos naturales son un ejemplo de cómo todos los humanos vivimos en el mismo lugar, y las acciones de alguien al otro lado del mundo tiene un impacto en otros de otro lugar.

Qué mejor ejemplo de esta conexión que la veloz propagación del Covid-19 por todo el mundo. Los primeros brotes de la pandemia se registraron en la ciudad de Wuhan, en la provincia de Hubei,

China, a finales de 2019 y los primeros casos de infección fueron reportados a la Organización Mundial de la Salud (OMS) a principios de diciembre de 2019.

Se cree que el virus se originó en animales, posiblemente murciélagos y se transmitió a los seres humanos en un mercado de animales en Wuhan. Desde entonces, la enfermedad se ha extendido por todo el mundo, siendo que hasta el momento de estar escribiendo van 673 millones 855 mil 803 de personas contagiadas en todo el mundo y un doloroso impacto de casi siete millones de personas muertas.

En enero de 2020 se informaron casos en otros países de Asia, como Corea del Sur, Japón y Singapur. Un mes después hubo un aumento significativo en los casos en Europa, especialmente en Italia. Para marzo del mismo año, el virus se había extendido por todo el mundo, fue entonces que la OMS declaró una pandemia.

El rápido aumento en el número de casos y la propagación del Covid-19 se atribuye en parte a su alta tasa de transmisión. El virus se puede transmitir fácilmente de persona a persona a través de pequeñas partículas respiratorias cuando una persona infectada tose, estornuda, habla o respira cerca de otra. Además, las personas pueden ser contagiosas incluso sin presentar síntomas.

Las medidas de distanciamiento social, el uso de mascarillas y otras intervenciones de salud pública han ayudado a reducir la propagación del virus en algunos países, pero sigue siendo una amenaza para la salud pública en todo el mundo.

La veloz propagación de Covid-19 es un claro ejemplo de que lo que ocurre en un lugar del mundo puede impactar en todo el planeta. No es un caso diferente de las prácticas que contaminan el aire o la tierra. El impacto en salud es lo más relevante y significativo, pues casi siete millones de personas perdieron la vida, pero también fue brutal el choque en la economía resultando en una recesión global como resultado de la pandemia y de las medidas tomadas para contenerla, como las cuarentenas, el cierre de empresas y la disminución del comercio y los viajes internacionales, entre otras.

Los sectores de turismo, hostelería, eventos y entretenimiento fueron particularmente afectados debido a la disminución de visitantes y a las restricciones de movilidad. Lo mismo con la interrupción significativa en las cadenas de suministro dañando a la manufactura al no tener suficiente materia para seguir operando lo que generó desabasto y afectación al comercio a nivel local e internacional.

El efecto significativo en el empleo con millones de personas desempleadas o trabajando en horarios reducidos y salarios recortados. El impacto económico que trajo el Covid-19 ha sido amplio y profundo y aún es difícil de cuantificar. Se necesitarán años para recuperarse completamente de los efectos de la pandemia y algunos cambios económicos y sociales pueden ser permanentes.

Los daños colaterales han ido más allá: el aislamiento encerró a los niños en sus casas provocándoles efectos negativos a nivel psicológico y social en toda una generación que aún estamos comprendiendo.

Otro ejemplo del nivel de interacción que experimentamos como humanidad es el tema del medio ambiente que compartimos todos, independientemente del nivel socioeconómico, raza o país en el que vivamos.

Las acciones que contaminan el aire o el mar en un lugar aislado del planeta pueden tener efectos globales y afectar a todas las personas que vivimos en él. Por ejemplo, la contaminación del aire producida en una región o país puede viajar largas distancias a través de la atmósfera y afectar la calidad del aire en otras partes del mundo. Los contaminantes del aire como el dióxido de carbono (CO2) y el metano (CH4) contribuyen al cambio climático, que es un problema global y que todos padecemos.

Los desechos plásticos y otros contaminantes que se descargan en los océanos pueden viajar largas distancias a través de las corrientes oceánicas y terminar en las costas de otros países. Esto puede tener impactos negativos en la vida marina y en la salud de las personas que dependen de los océanos para la pesca y el turismo.

Aunque la contaminación se origine en un lugar aislado tiene efectos globales debido a la naturaleza interconectada de nuestro planeta. Por lo tanto, es importante que todos tomemos medidas para reducir la contaminación en nuestras propias comunidades, a fin de proteger la salud humana y el medio ambiente en todo el mundo. Y es por ello que existen resoluciones internacionales y trabajos en el marco de instituciones internacionales para generar acuerdos de políticas públicas en todas las naciones.

Estamos todos interconectados de una manera total y global. Por ejemplo, cuando ocurre un desastre natural o un conflicto en una región del mundo, esto puede tener un impacto en la economía global, los mercados financieros y las políticas internacionales, lo que a su vez puede afectar la vida de las personas en todo el mundo, aun cuando el incidente no ocurriera dentro de su país o región.

Del mismo modo, cuando ocurre un evento positivo, como un logro deportivo, un avance científico o una celebración cultural, puede generar un sentimiento positivo de esperanza y optimismo en todo el mundo.

Además, las redes sociales y la comunicación global pueden hacer que las noticias y los eventos en un lugar del mundo sean ampliamente conocidos en tiempo real, lo que puede tener un efecto en la percepción y el estado de ánimo de las personas en otros sitios. Estamos tan conectados que los eventos que afectan a una persona o comunidad pueden tener un impacto global en las percepciones, las políticas y la economía, impactando a todos.

La teoría del efecto mariposa sugiere que pequeñas perturbaciones pueden tener efectos amplificados en sistemas complejos e interconectados, como el clima, la economía o la sociedad.

Uno de los argumentos más fuertes sobre el efecto mariposa es que destaca la interconexión y la complejidad de los sistemas y subraya la necesidad de considerar el impacto potencial de nuestras acciones en un contexto más amplio. El hecho de que un pequeño cambio en un lugar pueda tener efectos significativos en otro demuestra que todas las partes de un sistema están interconectadas y que cualquier acción puede tener consecuencias impredecibles y lejanas.

El aleteo de una mariposa en un lugar específico podría, en teoría, contribuir a la formación de un huracán en un lugar distante a través de una cadena de eventos complejos e interconectados. Esto resalta la importancia de considerar las interconexiones y la complejidad de los sistemas. Los pequeños cambios en las condiciones ambientales, como la emisión de gases de efecto invernadero o la deforestación pueden tener efectos amplificados en la calidad del aire, el clima, la biodiversidad y la salud humana. Por lo tanto, es importante considerar la interconexión de los sistemas y tomar medidas para reducir los impactos negativos de nuestras acciones en el mundo.

Estamos unidos y la imagen de la tierra vista desde el espacio es la imagen más clara de ello. Lo que me pasa a mí te pasa a ti. Sin embargo, hemos estado experimentando la vida y nuestra relación de humanos como si tú estuvieras separado de mí, y yo de ti, como si estuviéramos distanciados los unos de los otros.

Un gran filósofo moderno del potencial humano y la productividad, Steven Covey, escribió un libro muy influyente que se llama *Los 7 hábitos de la gente altamente efectiva*. En él construye un proceso que eleva el potencial humano, que va de ser dependiente como individuo a ser independiente, que es cuando un ser humano puede influir en manejar circunstancias y ejercer poder personal para influir en su vida.

En este sentido muchas personas aprendimos que ser independiente es algo bueno, es un gran progreso a ser dependiente; sin embargo, Covey finalmente propone que el verdadero poder es alcanzar la interdependencia que se finca en el poder de la colaboración y el trabajo en equipo.

No se trata de ser independiente sino interdependiente, considera el poco impacto que un ser humano puede representar al ser independiente en un mundo en el que todo está interconectado. La interdependencia como la presenta Covey es una gran posibilidad de vivir un estado más elevado de partición y poder del ser humano al multiplicar su poder personal de individuo por medio de la colaboración.

La humanidad como una unidad de energía vibrando

Ser energía es otra variante en la que podemos tratar el tema de Ser Uno. La idea de que la humanidad y el universo son energía se basa en la comprensión científica de que todo en el universo está integrado por átomos. Pues bien, los átomos están compuestos de partículas subatómicas, como protones, neutrones y electrones que, a su vez, están formados de partículas aún más pequeñas, como quarks y leptones. Estas partículas subatómicas tienen propiedades cuánticas, lo que significa que no se comportan como objetos sólidos, sino más bien como ondas de energía.

Además, la física cuántica ha demostrado que toda la materia tiene una naturaleza dual; es decir, puede comportarse tanto como partícula como onda de energía. Esto sugiere que todo en el universo, incluyendo la humanidad, tiene una naturaleza energética y vibracional.

Otra forma de describir la idea de que la humanidad y el universo son energía es a través de la ley de conservación de la energía: la energía no se crea ni se destruye, solo se transforma. Esto significa que la energía que se encuentra en el universo, incluyendo la que conforma la humanidad, ha existido desde el inicio del universo y continuará existiendo en diferentes formas y estados.

Si el universo es energía (incluyendo al mundo y a la humanidad), entonces considera lo que significa elevar la vibración de la energía de la humanidad, aumentando la frecuencia y la calidad de la energía que nos rodea a todos los seres humanos. ¿Cómo sería una humanidad con una alta vibración? Creo que nuestra capacidad de manifestación se incrementaría, así como nuestro poder de alterar la realidad, la capacidad de ser empáticos y compasivos, sin duda, estos serían solo algunos de los beneficios.

Se ha considerado a nivel científico que la vibración más alta de la energía puede tener efectos positivos en la salud mental, emocional y física y puede mejorar la calidad de vida en general. Joe Dispenza es un autor y conferencista que se enfoca en la relación entre la mente y el cuerpo. Ha trabajado en cómo la actitud y el pensamiento positivos pueden tener un impacto en el cuerpo a nivel celular.

En uno de sus estudios, Dispenza utilizó técnicas de meditación para enseñar a un grupo de personas cómo visualizar su salud perfecta y cómo experimentar emociones positivas como la gratitud y la alegría. Después de varias semanas de práctica, los participantes del estudio mostraron cambios en su ADN y en la expresión génica.

En particular, se observaron cambios en los telómeros, que son los extremos de los cromosomas que se acortan con el tiempo y se asocian con el envejecimiento celular y la enfermedad. Los participantes que practicaron la meditación mostraron una mayor actividad de la telomerasa, una enzima que ayuda a reparar los telómeros y a que mantengan su longitud. Esto sugiere que la meditación y la visualización positiva pueden tener un efecto protector en el cuerpo y ayudan a prevenir el envejecimiento celular y las enfermedades asociadas.

Este estudio es un ejemplo de cómo la actitud y el pensamiento positivos pueden tener un impacto en el cuerpo a nivel celular. Al enfocar la mente en pensamientos y emociones positivas se desencadenan procesos biológicos que promueven la salud y la longevidad. Este estudio y otros similares sugieren que hay una conexión entre la mente y el cuerpo que puede ser aprovechado para mejorar la salud y el bienestar en general.

Ahora, continuando con la idea de que toda la humanidad somos uno, podemos pensar en el impacto del nivel energético de toda la humanidad y el nivel al cual estamos vibrando. Esta posibilidad me compromete a escribir este libro o a realizar mis entrenamientos y convocar a la transformación de las personas en mi entorno, sabiendo el impacto que puede ocasionar a nivel global y la posibilidad de elevar el nivel de vibración de la humanidad.

Contempla la posibilidad de que toda la humanidad vibre en una frecuencia más alta, ello puede tener varios efectos beneficiosos. Por ejemplo, puede aumentar la sensación de bienestar y la felicidad; reducir el estrés y la ansiedad y, mejorar la salud mental y emocional. También puede incrementar la intuición y la conexión con la fuente universal de la energía, lo que puede llevar a una mayor conciencia espiritual. Estoy convencido que estamos iniciando una nueva era en la que somos más conscientes de esta unidad y de este nivel de vibración.

Considera que cuando las personas emiten energía positiva y amorosa, esto puede tener un efecto en cascada y crear un cambio positivo en las personas y el medio ambiente que las rodea.

Esto lo experimento constantemente en las intervenciones que realizó en las organizaciones. Estoy trabajando en recabar evidencia de los entrenamientos que realizó en ellas sobre el impacto de practicar el dar y recibir aprecio.

En algunas empresas creamos, junto con los directivos, un comité de aprecio que promueva la cultura del aprecio entre los miembros de la organización; también en los entrenamientos de liderazgo y equipo pido a los participantes dar aprecio a sus compañeros. Los resultados son espectaculares, en unos minutos de brindar aprecio, puede experimentarse cómo se transforma el contexto laboral y las relaciones entre quienes dan y reciben.

Ahora mismo estoy trabajando para tener datos duros y métricas sobre el nivel de compromiso que se genera por estas acciones en temas como la rotación del personal, el ausentismo, la colaboración y la comunicación generando mejoras e innovación, así como otras variables asociadas al compromiso de las personas con sus compañeros y con su organización.

Sin embargo, es importante tener en cuenta que la elevación de la vibración de la energía de una organización, comunidad o toda la humanidad no es algo que pueda lograrse de la noche a la mañana y requiere esfuerzo y práctica. Algunas prácticas que se cree que pueden ayudar a elevar la vibración de la energía de la humanidad incluyen la meditación, la consciencia, la práctica de la gratitud y la compasión, el cuidado del cuerpo y la mente, la conexión con la naturaleza y la práctica de la creatividad y el arte.

Considera que somos uno mismo y que la manera de que vives tu vida (aunque tengas derechos individuales y libertad para vivirla como tú eliges), lo cierto es que tu decisión está impactando a los demás en todo momento. ¿Ahora puedes considerar esta idea?

La relación con el mundo

Lo que haces a los demás te lo haces a ti mismo. Lo que te hacen los demás se lo hacen a ellos mismos. Sin embargo, generalmente pensamos y experimentamos la vida como si estuviéramos separados; sin duda, una ilusión derivada de la manera en que probamos la vida y desde el espacio que la observamos al ser una parte de esa unidad. Poder alcanzar a percibir que somos uno es clave para acceder a lo imposible.

Identifica que lo que ahora te resulta imposible tiene que ver con la manera de relacionarte con los demás y con el mundo. Si giramos esa forma de relacionarnos aparecen nuevas posibilidades que no estaban anteriormente en la ecuación de tu vida o de tu realidad.

Un ingrediente fundamental es pensar en el ser humano no como ente ya definido desde antes de su nacimiento; sino como un ente que aprende a ser humano, que adquiere la capacidad de consciencia, que tiene el potencial de ser y que es parte del proceso de interacción con el mundo. En este sentido, es su relación con el mundo lo que define el ser.

Para el filósofo Martin Heidegger el ser humano es un ser que se distingue por su capacidad de reflexionar sobre su propia existencia y su relación con el mundo. Él lo define por su "ser-en-el-mundo". Esta comprensión del ser humano como un ser existencial y en relación con el mundo tiene profundas implicaciones para la filosofía y la comprensión de la condición humana.

Una de ellas es que con su capacidad del lenguaje puede reflexionar sobre la realidad y su relación con el resto de los seres humanos creando conclusiones sobre cómo funciona el mundo y cómo es el ser humano en él. Al influir a otros seres humanos a que el mundo es de determinada manera, crea marcos de entendimientos desde los cuales los humanos vivimos.

¿Qué tal que los humanos construyamos entendimientos y luego influyamos a otros a que de esa forma funciona el mundo para empezar a vivir como si así fuera en realidad?

La relación con el mundo y la manera de describirla como seres conscientes, pensantes con capacidad de reflexionar e interactuar y de crear con el lenguaje, abre la posibilidad que tenemos como humanos de inventarnos historias, entendimientos, explicaciones, motivos, propósitos, y alrededor de ello alterar la manera en que pensamos y experimentamos.

De esta manera somos capaces de influirnos sobre cómo nos relacionamos con el mundo, o sea, cómo somos. Al hacerlo podemos constantemente generar disrupciones derivadas de estas nuevas reflexiones, entendimientos y expresiones que influyen a los demás y que permiten acceder a lo que antes habíamos considerado imposible.

Al alterar la manera de relacionarnos, cambiamos lo que es considerado realidad, ya que al final la realidad tiene que ver con la manera de percibir, interpretar, expresar y relacionarnos. Al mover los marcos de entendimientos desde los cuales experimentamos la vida, podemos modificar lo que parece imposible y hacerlo posible.

Considera que como unidad que somos los seres humanos, alterar la percepción de los demás sobre cualquier fenómeno, produce nuevas interrelaciones entre nosotros y, con ello, nuevas posibilidades que antes no estaban disponibles en nuestra consciencia pero que ahora ya existen.

Como ejemplo podemos tomar lo que hemos citado de tecnología y el avance de entendimientos en el primer capítulo: la abolición de la esclavitud, los derechos de las mujeres en participar en lo público y a votar, y todas las nuevas posibilidades que trajo la tecnología que antes no estaban disponibles, que eran imposibles.

Tu forma de pensar y de percibir cualquier cosa puede ser transformadora y de gran impacto en la humanidad; reflexiona en lo que ocurre cuando influyes en otros a ver las cosas como las ves, o que alguien más te influye en que veas algo que no estaba en tu consciencia. Esto es posible por tu capacidad de reflexionar, ser consciente y del gran poder del lenguaje que permite influir y crear nuevos acuerdos y entendimientos en la forma de relacionarte con ellos.

La relación que tienes con los demás es la clave para alterar tu vida. Piensa en tu familia, hijos, esposa o esposo, ex esposa o ex esposo, padre, madre, tíos, vecinos, amigos, compañeros de trabajo o escuela, comunidad de la escuela de tus hijos, comunidad en tu ciudad, etcétera. ¿Cómo es esa relación? ¿Es influyente? ¿Puedes crear un espacio para interactuar en forma ganadora para todas las partes? ¿Recuerdas que somos una unidad?

¿Qué pasaría en tu vida si te percibes unido a todos ellos a través de la creación de acuerdos y maneras ganadoras para todos? Ganar-ganar. Por supuesto que para crear esos acuerdos efectivos en el que tú y los demás ganen el requisito fundamental es escuchar primero e identificar qué desean verdaderamente los demás con quienes haces esos nuevos acuerdos. Ir más allá de lo superficial, dejar de lado lo que el otro aparenta querer y para lograrlo se requiere una relación honesta y de alta confianza, crear un nivel de intimidad para compartirte y que el otro se comparta vulnerable, auténtico. Es ahí donde es posible identificar lo que en realidad desea cada uno.

Desde ese espacio creado y con algo de creatividad es muy probable que encuentren numerosas formas en las que ambas partes ganen.

Te hablo de experimentarte como unidad con el otro, de experimentarte como un ente energético que vibra unido y que tu manera de relacionarte con los demás influye en esa vibración. Ahí está el acceso a lo imposible, abrimos otras posibilidades cuando creamos nuevas maneras de relacionarnos que elevan el nivel de vibración como unidad: familia, país, organización, comunidad, planeta, universo.

Piensa que, al alterar tu forma de relacionarte con algo, con circunstancias, o con los demás; al hacer nuevos acuerdos contigo mismo o con los demás; al hacer nuevos pedidos, realizar nuevas promesas o, crear nuevos compromisos, se abren posibilidades que hasta hoy no estaban en tu vida. Considéralo como la manera más poderosa de acceder a lo imposible. Inicia con tu compromiso y el de los demás sobre algo que aún no existe, lo imposible.

Recursos Del Capítulo:

- Explicación de la teoría del caos y lo que es el "efecto mariposa" en programa de BBC News por la presentadora Laura García.

- Entrevista al Dr. Joe Dispenza sobre el impacto de la meditación a nivel ADN y el poder personal para definirte a ti mismo, con ello acceder a nuevas posibilidades en tu vida.

- Los resultados del experimento del japonés Masaru Emoto sobre los efectos de la vibración de la música y la intencionalidad en la molécula del agua. Todo es vibración.

- Dependencia-Independencia-Interdependencia explicada por Stephen Covey, concepto de su libro *Los 7 hábitos de la gente altamente efectiva*.

- Realizar pedidos en forma efectiva con Fred Kofman.

- Fred Kofman explica cómo generar compromiso con uno mismo, venir desde "elijo" en lugar de "tengo que". Aplica con una nueva forma de ser o relacionarte con alguna circunstancia. No "tienes que", pero puedes "elegir" hacerlo, y ese nuevo compromiso abre nuevas posibilidades en tu vida.

Ejercicios Del Capítulo:

- Comprométete contigo mismo para mantener un nivel de alta energía y estado saludable haciendo meditación, ejercicio físico y practicando cada día el aprecio y la gratitud de estar vivos, y de todo en realidad; sintiendo gratitud y desde ahí relacionarte con tus circunstancias y con los demás.

- Escribe una hoja todas tus maneras de ser o formas de relacionarte con aquello que estás comprometido a crear y hasta ahora no has hecho en: tu familia, pareja, salud, colaboradores, dinero, comunidad, etcétera. Y que es tiempo de crear nuevos acuerdos y una nueva relación con ellos en la que ahora todos ganen.

Ve a una persona, circunstancia o contexto a la vez. Sino estás seguro de qué es en lo que tú y los otros ganan, entonces asegúrate de tener una vibrante y genuina interacción con ellos que te permita identificar qué desean y qué les importa. Y, desde ahí, identifica cómo ambos pueden tener lo que verdaderamente desean.

- A partir de este ejercicio de escucha y reflexión genera nuevos acuerdos en la forma de relacionarte en donde ambas partes ganen. Escribe cómo imaginas que sería esa nueva relación, acuerdo o compromiso.

- Considera la posibilidad de hacer nuevos pedidos a esa persona, de tal suerte que los comprometa contigo. También realiza promesas que te comprometan con ellos y que derivado de esto todos resulten ganadores. Incluye aquí los compromisos contigo mismo.

- Considera hacer una continuación a lo que creaste en el capítulo 5 ahora con este nivel de conciencia sobre el nivel de inmunidad, interconexión e interdependencia que tienes con los demás y con el mundo.

- Considera lo que creaste en el capítulo 6 sobre lo que vale la pena para ponerte en riesgo y en urgencia y tráelo a estas nuevas consideraciones.

CAPÍTULO 8: TODO ES PERFECTO, ERES SUFICIENTE

L o que ocurrió es perfecto, enfócate en el presente.

Considera que lo que ocurrió en el pasado no está relacionado con lo que tienes que decir de lo que sucedió. Tu marco de referencia siempre te filtra la realidad, como si existiera alguna. Piénsalo: la manera en la que interpretamos y experimentamos los acontecimientos, aunque parezca difícil de considerar, está alejada de lo que probablemente pasó.

Podemos afirmar que los humanos no vivimos y ni nos experimentamos en función de lo que ocurrió, sino de la manera de relacionarnos e interpretar nuestro pasado.

Piensa que el ser humano —por naturaleza o por estar tan metidos en la conversación causa y efecto de la física clásica—, constantemente estamos buscando la causa de las cosas, de lo que acontece.

Con frecuencia enfocamos nuestra atención e intención en el pasado para explicar causas del presente e, incluso, predecir el futuro. Es nuestro pan de cada día, el lenguaje nos permite crear historias y construir alrededor de eso que supuestamente pasó. Esta manera de ir experimentando la vida nos "regala ser narradores" de lo que supuestamente acontece, pero considera que elimina nuestro poder personal de influir en ello a partir de nuestro enfoque e intencionalidad deliberada y creativa.

Creer que "todo es perfecto" elimina la tentación de indagar en el pasado en explicaciones que no son ganadoras y, en su lugar, nos permite retomar nuestro poder personal de enfocarnos con intencionalidad desde "todo es perfecto". Y ahí no tengo nada que perder realmente, y lo que sea que venga del futuro será perfecto. Ese enfoque e intencionalidad te brinda el poder de influir.

Ahora, si el pasado no se puede cambiar, ¿para qué toda esa historia y explicación de lo que supuestamente ocurrió? Capta que sí podemos cambiar toda esa narrativa de lo que supuestamente pasó. Si contemplas que "todo es perfecto", justo podrás encontrar valor en lo que ocurrió. También es posible estar agradecido por lo que has logrado o experimentado en el pasado, incluso si hubo desafíos o dificultades en el camino y, en ese sentido, fue perfecto.

Otra interpretación valiosa de venir de "todo es perfecto" se centra en que si te ocurrió algo es porque estás vivo o viva. La vida viene en paquete: puedes disfrutar aprender a andar en bicicleta, divertirte mucho pero también es posible que en algún momento te raspes las rodillas. No puedes separarlo, entonces si "te raspaste las rodillas", metafóricamente hablando, también es parte de disfrutar aprender a andar en bicicleta. Recuérdalo en ese sentido: "todo es perfecto".

Además, puedes encontrar un sentido de destino o propósito detrás de lo que aconteció en el pasado. Ya sabes, nos empeñamos en buscar una causa y un propósito para todo. También es posible creer que los eventos del pasado te llevaron a donde estás hoy y te prepararon para tu futuro, incluso si eso no fue evidente en ese momento.

"Todo es perfecto" es relacionarte con abandonar la necesidad de dar una explicación del pasado o vivir en él y venir de la gratitud de estar vivo. Aunque podríamos reconocer que el pasado es inalterable y que se encuentra un valor en las lecciones aprendidas y en cómo los eventos del pasado han contribuido a la persona que eres hoy, al final del día tiene que ver con encontrar una relatoría que nos empodere en el presente.

Por el contrario, los principios de un ser cuántico son experimentar la vida viniendo del futuro, de ese futuro deseado, incluso aquel que ahora te podría parecer imposible; por ello "todo es perfecto". Y tienes la posibilidad de participar en la creación de ese futuro imposible hoy en el presente; eso te brinda poder personal.

Cuando vienes de que "todo es perfecto" te relacionas con la posibilidad de abandonar la idea de vivir en el pasado o dejar atrás la tentación de continuar dándole vueltas a lo que pudo ser, o al hubiera. Así te enfocas en tu poder personal para acceder a posibilidades que puedes abrir con tu enfoque e intencionalidad.

Recuerda que venir de "todo es perfecto" te permite relacionarte con lo único que tienes que es el presente. Tu físico, tu familia, la época que vives, tu edad, tu profesión, todo es perfecto y significa abrazar lo que realmente posees hoy.

Ser insuficiente, venir de la necesidad

Tú eres perfecto como eres, no requieres que ningún coach, libro o taller te repare o arregle. Tienes todas las cualidades requeridas y todo lo adecuado para tu fin, para vivir.

- Perfecto, perfecta. Adjetivo. 1. Que tiene todas las cualidades requeridas o deseables. 2. Que es muy adecuado para un determinado fin.
  Fuente: Oxford Languages.

Relacionarte con "todo es perfecto" es la gran oportunidad de acceder a vivir una vida de plenitud. Lo contrario de venir de "todo es perfecto" es venir desde la necesidad, de la insuficiencia, por eso, necesitas algo para estar o ser perfecto y estar completo.

La necesidad es un entendimiento que viene de la escasez, de la insuficiencia. Necesitar dinero, aceptación, una casa más grande o la consideración de los demás, viene del entendimiento de que requieres ello para que te defina. "Todo es perfecto" te apoya a considerar que no "necesitas" nada, ya eres suficiente, y ya eres "perfecto".

Por supuesto que puedes desear más dinero, una casa más grande o la consideración de los demás, pero no porque ello te defina para ser suficiente. Si lo tienes o deseas es porque ya eres suficiente y perfecto para crearlo. Considera cómo se escucha esto: "ya soy suficiente y perfecto".

¿Cómo sería abandonar la posibilidad de que la casa o el dinero te defina como ser humano? Qué tal abandonar lo que "necesitas" porque ya eres perfecto y, entonces, al estar vivo tienes la posibilidad de participar para crear eso desde un espacio en el que lo eliges, porque puedes crearlo, no porque lo necesitas.

Venir de "soy perfecto", venir de "todo es perfecto" te pone en el espacio de agradecimiento por tener la posibilidad de participar. Solo por eso ya es perfecto. Y te sitúa en un espacio en el que puedes agradecer todo. Y desde ahí cambiar lo que estés comprometido a cambiar. Por ejemplo, imagina que no te gusta tu cuerpo, la manera que luces, unos kilos de más, frente a eso imagina dos posturas:

1)   Tu cuerpo te define y "necesitas" cambiarlo. Desde la no aceptación, pero sin resignarte ya que deseas hacer algo al respecto, pero sí de detestar tu cuerpo por su obesidad o imperfección. Detestar y rezongar la energía de transformar tu cuerpo viene del "tengo que" para que te defina como ser humano, como persona. Trae de una carga de insuficiencia, no eres suficiente hasta que adelgaces o te hagas cirugía. Al hacerlo aparece otra cosa que te lleva

nuevamente al espacio de insuficiencia: ahora es tu auto que ya es viejo o tu pareja que ya engordó... qué sé yo. Al estar en un estado de insuficiencia esa situación aparece en tu vida constantemente y no hay manera de satisfacerla con nada; al lograr algo, pasarás a otra cosa que te hace sentir insuficiente. Y no es eso que necesitas, sino eres tú en el contexto de insuficiencia.

2)   Tu cuerpo es perfecto como es, lo amas, lo abrazas, y eliges fortalecerlo, nutrirlo, cuidarlo, haciendo ejercicio, alimentándolo con nutrientes que le den bienestar porque lo amas. Lo amas y le agradeces que te lleva y te trae en este mundo; que te permite hacer todo lo que eliges hacer. De esta manera, cuidarlo, fortalecerlo y mantenerlo en forma viene del compromiso de "elegir". En esta postura estás en suficiencia, ya eres suficiente con lo que tienes, contigo, tu vida y agradeces participar en el juego de la vida, en donde eres libre de crear lo que más te funcione, no porque lo "necesites" si no porque lo "eliges" para que te proporcione lo que ello proporciona: en el caso del cuerpo fortalecido, energía, salud, probablemente longevidad para seguir participando más tiempo de manera saludable.

¿Qué tal que ya eres perfecto y esa perfección te da acceso a vivir y esa perfección te da la posibilidad de ir modificando la manera en que te relacionas con el mundo? Y qué tal si es precisamente desde esa perfección, no porque lo necesitas, sino porque lo eliges que obtienes el acceso.

Sí, amigo lector, qué tal que no "necesitas" realmente nada para ser, solo darte cuenta que "todo es perfecto". Sé que se escucha extraño, pero considera que tu "acceso" a lo imposible no lo necesitas, que tal que lo eliges como tu camino para participar en la vida creando, pero viniendo de que eres suficiente, perfecto, una expresión de Dios, el universo o la naturaleza, como todo en la vida, en tu vida. Tener vida te da oportunidad de participar, crear y acceder a las posibilidades que estés comprometido a abrir.

El ser humano constantemente se experimenta en insuficiencia. Queremos algo y pensamos que ello nos dará felicidad, nos hará sentirnos bien, y nunca ocurre eso. Soy coach de muchos empresarios, varios de ellos con la parte financiera totalmente resuelta y no necesariamente son felices. Si piensas: cuando tenga dinero entonces seré feliz, te aseguro que eso no llegará de esa forma. En el tema del dinero y la riqueza material es muy fácil ejemplificar con muchas historias, personas que obtienen la lotería y si eran medio infelices en su pequeño departamento, terminan siendo muy infelices en su gran casa.

En su libro *La Dinámica de la Riqueza (Wealth Dynamics)*, Roger Hamilton explica sobre cómo funciona la riqueza y cómo ésta tiene que ver más con la manera de crear riqueza que solo tener dinero. Sus ejemplos te pueden ayudar a navegar con mayor claridad para entender que tener más dinero no te garantizará que te sentirás suficiente. Ni siquiera, incluso, que podrás mantenerte rico. Hace muchos años conocí a Hamilton en sus capacitaciones, algunos online, y luego tuve la oportunidad de entrenarme con él durante una de sus visitas a la Ciudad de México en el que fui patrocinador.

Estos son los ejemplos que Hamilton utiliza al principio de su libro:
Evelyn Adams ganó la lotería de Nueva Jersey no una sino dos veces, en 1985 y 1986. Los $5.4 millones de dólares de las ganancias que tuvo se esfumaron en su mayoría en las máquinas tragamonedas de Atlantic City. Adams ahora vive en un tráiler y dice: "Ojalá tuviera la oportunidad de hacer todo de nuevo. Sería mucho más inteligente".

William Post ganó $16.2 millones de dólares en la lotería de Pensilvania. Invirtió en un negocio de automóviles y restaurantes y en un año tenía una deuda de un millón de dólares para luego declararse en bancarrota. Para empeorar las cosas, su hermano fue arrestado por haber contratado a un asesino a sueldo para que lo asesinara a él y así poder reclamar las ganancias para sí mismo. William ahora vive del Seguro Social diciendo: "desearía que nunca hubiera sucedido. Fue una pesadilla".

Esta es la historia de dos personas que se sacaron la lotería, pero hay muchas otras de gente que sí tienen dinero y ello no les genera felicidad o plenitud; se sienten vacíos e insatisfechos y siguen requiriendo tener más dinero para ver si encuentran plenitud y satisfacción.

No estoy diciendo ni por un segundo que tener dinero sea malo. Yo creo que tener dinero es bueno, en la medida que es parte de mis herramientas para tener un juego más impactante, en tanto me proporcionen comodidad, que es lo que ello otorga. También en tanto pueda utilizarlo como energía para contribuir de manera más efectiva en algo positivo al mundo porque elijo al dinero como un aliado fundamental. Pero no para que me defina.

Recientemente, hice una carta al dinero que te comparto. Para invitarlo a estar y permanecer en mi vida, pero no para necesitarlo.

La carta que escribí dice lo siguiente:

Querido amigo dinero:

Perdóname por la manera que te he tratado hasta hoy. Ahora entiendo que formas parte importante de mi vida, no desde la necesidad para sobrevivir, sino de una poderosa alianza para crear cosas extraordinarias y para disfrutar lo que me puedes brindar.

Quiero iniciar una nueva relación contigo, que cuando te vayas sea para generar algo de valor y regreses pronto multiplicado. Te elijo para que estés constantemente en mi vida y juntos seamos socios para crear cosas fregonas y, claro, también para experimentar la comodidad que proporcionas.

Elijo vivir bien y disfrutar de las cosas materiales como complemento de mi intención de vivir una máxima experiencia espiritual y darle un significado de legado a mi existencia, siendo agente de transformación.

Te ofrezco mil disculpas por dejarte ir de forma poco inteligente, y elijo que a partir de hoy al irte sea para algo que valga la pena, incluyendo mi comodidad y placer que merezco y elijo tener en mi vida; así como dejarte ir con la misión de regresar multiplicado creando valor a mi alrededor, a los demás.

Elijo maximizar el potencial de vida al tenerte a mi lado.

Esa carta explica la relación que elijo tener con el dinero y la riqueza material, pero lo mismo podría escribir al elegir tener otras cosas en mi vida y ponerme creativo para crearlas, pero no desde la necesidad o insuficiencia, sino desde que "todo es perfecto" y tengo la oportunidad de participar para crearlas como parte del juego de la vida en el que participo. Tampoco desde que, al conseguir crear esas cosas en mi vida, me van a definir como un ser suficiente y satisfecho, sino que ya soy un ser suficiente, soy perfecto. Y tú, amigo lector, eres perfecto.

Ejercicios del capítulo.

- Haz una reflexión profunda en tu vida, sobre todas las bendiciones que tienes. Enlístalas y agradece por ellas.

- Recuerda una historia en la cual normalmente te has sentido víctima por algo que te hicieron. Luego de esa historia o recuerdo, obtén algo positivo, tal vez algo que te hizo conocer a alguien, tener algún aprendizaje, ser más precavido y tomar acciones en el futuro en relación a algo para anticiparse. Lo que sea, pero obtén el máximo beneficio de valor de esa historia o experiencia.

- De algo que te pasó y crees ser víctima de otra persona o de otras personas, te invito a cambiar la relatoría. Modifica la historia según: a) el punto de vista y experiencia de la otra persona, b) de un tercero neutral observándote a ti y la otra persona o personas que describe lo que sucede a ambas partes, c) invéntate una relatoría, cambia la historia a una que te apoye o empodere.

- Haz una carta al dinero, riqueza material, de lo que tú eliges tener en tu vida o de lo que eliges crear y tener acceso. Cuida que tu lenguaje venga de que "todo es perfecto", que la redacción venga desde que "tú eres suficiente" y no requieres eso para que te defina o te haga "suficiente", sino porque lo prefieres en tu vida.

CAPÍTULO 9: LOS PRIMEROS PASOS EN TU NUEVA REALIDAD

¿Qué es la realidad?

Ahora sabes que tu realidad, la que percibes, es una forma de relacionarte con el mundo derivada de un marco de entendimientos, conscientes o inconscientes, desde los que vives e interpretas la información que tus sentidos llevan a tu cerebro. Y desde ese marco de racionamiento te relacionas con el mundo.

Cuando te digo el mundo me refiero con todo, contigo mismo, con otros, con la naturaleza, las circunstancias, el tiempo, las reglas, las conversaciones, y todos los etcéteras que podrías imaginar. La oportunidad está en girar esos entendimientos que no te dan poder, que no te funcionan ahora y rotarlos hacia entendimientos que te brinden acceso a lo que deseas en tu vida y que hasta hoy ha sido o parece ser imposible de acceder.
Ahora sabes que girar esos entendimientos son tu llave maestra de entrada a lo que hasta ahora ha sido imposible para ti.

Considera que algunos filósofos y científicos, que hemos referido en este libro, argumentan que la realidad es subjetiva y que solo existe en la mente de las personas. Estos razonamientos se basan en la idea de que nuestras percepciones están influenciadas por nuestra experiencia, cultura, lenguaje y otros factores, lo que significa que nuestra percepción de la realidad puede variar de persona a persona, de familia en familia, de una región de tu país a otra, de un país a otro, de cultura en cultura, de generación en generación.

Considera que la manera de percibir tu realidad manifiesta la forma en que te relacionas con los demás, con el mundo, con las circunstancias y, de esa correspondencia son tus resultados en la vida, confirmando "tu realidad".

En este sentido piensa que el camino hacia tu nueva realidad, lo que antes era imposible para ti, inicia con girar los entendimientos sobre ti mismo, sobre los demás y sobre el mundo. Me refiero a aquellos entendimientos que no te dan poder; es decir, que no te empoderan o no te funcionan para obtener de la vida lo que deseas.

Desde un espacio de poder personal puedes construir nuevos entendimientos que te permitan relacionarte con el mundo de forma que, en el mejor de los casos, te funcione. Incluso si no te funciona, estarás participando, o sea, viviendo. Además, si tomas el feedback que te ofrecen los resultados y continúas intentando nuevas maneras de crearlo, es muy probable que termines teniendo acceso a ello que antes considerabas imposible.

Probablemente en el camino pueda ser doloroso tomar decisiones difíciles, dejar ir relaciones en donde no logras crear un entendimiento alineado de ganar-ganar. ¿Quién dijo que la vida era fácil? Sin embargo, recuerda que no tienes muchas vidas y se requiere poner en riesgo con valentía y urgencia para alterar la realidad a la que ahora tienes acceso.

Lanzarte hacia tu nueva realidad

Considera que todo parte de tus entendimientos y se requiere mucha humildad, determinación y valentía para retarlos y abrirte a nuevas posibilidades desde nuevos entendimientos que dan forma a un marco de referencia que te empodere.

Por ello, en el capítulo uno enlistaste los entendimientos que podrían estarte limitando; aquellos que te llevan a practicar formas de ser que no te dan los resultados para influir en otros, que no te permiten disciplinarte en tus propósitos; entendimientos sobre escasez o sin las condiciones adecuadas para tener acceso a algo que deseas.

Algunos ejemplos:

- Yo no soy bueno para influir en los demás, no se me dio esa habilidad.
- Vivimos en un mundo donde cada vez es más difícil progresar, hacer dinero y a la vez tener tiempo para disfrutar con la familia.
- Vivimos en una sociedad indiferente a la que no le importa tus retos, solo buscan intereses particulares.
- Los empleados siempre quieren aprovecharse de mi empresa sin comprometerse. Los clientes son desleales y solo quieren sacar provecho de mi empresa.
- No es posible tenerlo todo; o tienes trabajo y llevas comida a casa, o tienes tiempo para compartirlo con tus hijos pero que se atengan a las consecuencias de que no habrá dinero.

En el capítulo uno la idea es que hicieras una lista. Estos son algunos ejemplos de miles de posibilidades que has o continúas experimentando y a menos que gires esos entendimientos seguirán gobernando tu vida y estarán ahí para confirmar que son válidos. Te aseguro que si los mantienes tendrás evidencia comprobable de que tienes razón, pero lo cierto es que proseguirás en esa realidad. ¿Qué prefieres? ¿Tener razón o girarlos para acceder a otra realidad?

Enlista los nuevos entendimientos que estás comprometido a instalar en tu marco de referencia. Aquí te doy algunos ejemplos:

- Eres capaz de transformarte, eres un ser en evolución y transformación constante, lo que fue cierto ayer no necesariamente lo es hoy.
- El mundo es abundante y está lleno de recursos; si doy un salto junto con mi compromiso encontraré posibilidades nuevas siempre y nunca estaré desamparado.
- La gente es empática y comprometida cuando se da cuenta de que colaborar nos beneficia a todos.
- Los colaboradores de mi empresa o mis compañeros son personas comprometidas con progresar. Si puedo mostrarles el camino y los beneficios para todos estarán dispuestas a esforzarse y convenir en trabajar en equipo y producir resultados extraordinarios de ganar-ganar.
- Es posible crear opciones para mantener la fuente de ingresos y, al mismo tiempo, disfrutar de mi familia, de mi vida. Si otras personas han encontrado fórmulas para ello, es posible también para mí.

Estos son solo algunos ejemplos de empezar a considerar entendimientos diferentes y buscar cómo lucen en el mundo real, cómo alguien ya vive dentro de esa realidad, cómo podría ser para ti provenir desde esa realidad. Ahí inicia el juego de considerar nuevos entendimientos. Si hay personas que pueden vivir dentro de esa realidad, tú también puedes.

Uno de los ejercicios del capítulo 2 tiene el propósito de que describas con gran claridad la nueva realidad a la cual deseas tener acceso. Ahora, revisa quién en el mundo ya tiene acceso a esa realidad: abundancia, libertad, familia en amor, relaciones, logros profesionales, logros empresariales, proyectos materiales, salud, físico, etcétera. Esos ejemplos te permitirán ver más de cerca ¿qué tipo de entendimientos tienen ellos? ¿Qué prácticas? ¿Qué formas de ser puedes observar en ellos?

¿De qué manera se relacionan con el tiempo, los recursos, las circunstancias, el compromiso, etcétera? ¿Qué les da acceso a lo que tienen y que tú anhelas?

Se trata de que empieces a practicar nuevas formas de ser, así que utiliza los recursos y ejercicios del capítulo 3. Tus declaraciones son poderosas, te enfocan, brindan una estructura desde la cual vas a intervenir en el mundo. Empieza a declarar quién eres en el mundo según las nuevas maneras de intervenir. ¿Quién declaras ser ahora que estás comprometido a practicar esas nuevas formas de ser?

Algunos ejemplos:

- Declaro ser un hombre amoroso. Entonces practicas siendo amoroso, expresando tu amor, siendo detallista e interesado en quienes amas, actuando desde el amor en tus relaciones. Lo anterior te da acceso a relaciones de calidad, a ser empático y crear confianza con la gente de tu vida, para poder ampliar tu círculo de confianza e impactar de manera más poderosa en los demás.

- Declaro ser una mujer valiente y arrojada. Ejecutas ser valiente y te arriesgas sin garantías de éxito, participando —dejando de lado si te juzgarán o si estarán de acuerdo—, aunque ello implique que puedas estar equivocada o perder. Porque ahora entiendes que no participar es garantizar que ya perdiste. Y a lo que tendrás acceso es a ganar confianza en ti misma, que los demás te vean como la mujer valiente que eres e inicies proyectos que no habrías realizado, que empieces relaciones y te abras a nuevas posibilidades que no estaban antes disponibles desde tu miedo.

Hacer declaraciones de quién eres y cómo vives esa nueva forma de ser es la manera de iniciar tu transformación, desde una declaración y un compromiso.

Claro que es posible que al principio practicar esa forma de ser sea incómoda, te rete, ya que no la has efectuado antes, pero recuerda que, como todo, es un tema de práctica. Piensa que es como cuando aprendes a esquiar y te sientes extraño con unos esquís en los pies. O como cuando empiezas una dieta para crear un nuevo estilo de vida: te cuesta trabajo mantenerte lejos de los hábitos de alimentación de antes; o bien, cuando arrancas con el ejercicio y te duelen los músculos, pero poco a poco lo vas incorporando en tu rutina, y muy pronto, y si eres comprometido, estarás haciéndolo sin esfuerzo alguno.

Practicar las nuevas formas de ser con determinación y compromiso te darán acceso a lo que ahora parece imposible. Incluso si los resultados no son lo que esperabas, encontrarás un feedback que te permitirá continuar participando de manera resiliente y comprometida; así pronto crearás ese acceso, esa nueva realidad en tu vida.

Muchas de estas prácticas tienen que ver contigo en lo personal e individual, poniendo atención en tu lenguaje, en tus propios pensamientos y actitudes, en tus compromisos, tus prácticas. Sin embargo, considera que, muchas otras formas de relacionarte con el mundo, tienen que ver con otras personas, tal vez tu pareja, tu familia, compañeros de trabajo, colaboradores, socios, vecinos, amigos, etc. En este sentido, tu manera de tomar riesgos es generar nuevos acuerdos, hacer pedidos y promesas que alteren la manera en que hasta hoy te has venido relacionado con los demás.

El camino es crear nuevos acuerdos, realizar pedidos y hacer promesas que generen nuevos compromisos contigo mismo y con los demás.

Los pedidos y las promesas son una manera de intervenir en el futuro, de alinear la coordinación para que lo deseado ocurra. Para ello, escúchate, escucha a los demás y al mundo.

De esa manera identificarás de forma efectiva los elementos para generar pactos ganar-ganar. La creatividad puede apoyarte para su creación a apertura de otras posibilidades; sin embargo, escuchar es la clave.

Tu camino hacia el acceso a lo que hoy parece imposible inicia viniendo del futuro, desde una visualización creativa. ¿Qué acuerdos funcionaron en el futuro? ¿Qué maneras de relacionarte funcionaron? Y en esa posición empezar a intentar esos acuerdos, esas maneras de ser y de intervenir en el mundo.

Una visualización creativa puede apoyarte para venir del futuro porque es una manera de observar desde una perspectiva distinta, una manera de salirte de tu actual marco de referencia. Venir del futuro te da la posibilidad de iniciar con la práctica de otras formas de ser, que al ser ejecutadas crean nuevos resultados.

La visualización creativa te sirve para identificar qué acuerdos, pedidos y promesas deberás hacer con la gente de tu vida que altere el contexto actual de la relación, pues así estarás modificando la realidad para ambas partes, pues ambos habitan en un contexto relacional.

El capítulo 4 te apoyará en ser un líder que transforme el contexto relacional de tu entorno, tus relaciones, tu familia, trabajo, amigos. Se trata de ser empático, de aprender a escuchar lo que los demás buscan, de construir maneras en que ambas partes ganen con la relación. También de crear acuerdos y compromisos por medio de pedidos y promesas que ambas partes pactan para mantener porque es de interés y beneficio mutuo. No es venir desde el reclamo y exigencia, sino desde la empatía y la colaboración genuina y efectiva que promueva el compromiso para la creación de una forma diferente de relacionarse y colaborar.

De esa manera, generando esos acuerdos y compromisos es que

alteras tu realidad y la de los demás; desde ahí es posible crear y acceder a lo que antes era imposible.

La escucha generosa y efectiva es la clave para construir estos nuevos acuerdos y compromisos. Posiblemente tendrás solicitudes que no puedas dar justo como son deseadas, pero si escuchas y entiendes lo que el otro busca e indagas de dónde viene esa petición irás a un nivel más profundo y, quizás desde ahí sí puedas ofrecer algo diferente a lo que solicita pero que funcione para ambas partes. La escucha y la creatividad son claves para construir estos nuevos pactos.

¿Estás comprometido con realizar nuevos entendimientos? ¿Estás comprometido con practicar nuevas maneras de relacionarte contigo, con los demás y con el mundo? ¿Estás comprometido a crear nuevos acuerdos a través de la escucha y así generar posibilidades que sean ganadoras para todas las partes?

El capítulo 6 es un gran apoyo para comprometerte. El triángulo de la muerte, urgencia y riesgo te da la posibilidad de entender que no hay nada por perder y que si postergas no estarás participando de la vida. No olvides que la vida te brinda la oportunidad de participar, la forma en que lo haces depende de ti.

Enlista tus futuros que han sido imposibles hasta ahora y desde una visualización creativa imagínate teniendo acceso a esas realidades. ¿Cómo se siente? ¿Cómo te experimentas? Te invito a practicar esa meditación todos los días: venir desde ahí cada día. ¡Empodérate!

Si ya lo estás entonces la entrada a esa realidad es un hecho, si estás comprometido, ya vives en otro espacio. Ahora es solo cuestión de llevarlo a la acción y obtener las evidencias de esa nueva realidad a la que tienes acceso. ¡Felicidades! Escríbeme o hazme saber cómo luce ahora tu vida, cómo vas generando evidencias. ¡Estaré súper emocionado de saber cómo te has transformado con tu compromiso inquebrantable!

Siendo el líder que lleve a los demás a ganar

La integridad del líder debe ser el ejemplo que inspire y mueva a los demás. Esa integridad está disponible para ti que has estado transformando tu realidad y que eres testimonio de compromiso. No tienes que ser perfecto, eres humano y pueden existir quiebres, pero si ya estás enfocado pagando precios, tomando riesgos y participando, entonces ya eres un ejemplo de determinación. Tu compromiso es inspiración para otros.

El capítulo 7 te guiará para convertirte en un ser altamente influyente, que inspira con su ejemplo, congruencia e integridad. ¿Qué tal convertirte en un ser que está constantemente enfocado en participación total, en crear como parte de un estilo de vida?

Piensa que tu transformación abre la posibilidad de influir en un mundo interconectado que es una sola unidad. Apostar a crear una mejor humanidad es apostar a construir mejores posibilidades para todos: tu familia, hijos y nietos; toda tu descendencia en realidad.

Enlista aquello por lo que vale la pena ponerse en riesgo y enfócate en la manera que vas a participar en el mundo con pasión, libertad y determinación: aquello que, con tu contribución te va a conectar con un propósito incluso superior a ti. ¿Cómo será de diferente el mundo porque decidiste ponerte en riesgo y comprometerte por la humanidad? Esta decisión apasionada hará que recursos fuera de ti lleguen y sean soporte en tu influencia, en tu contribución; ello es la posibilidad a vivir una vida de propósito con pasión y elevar el nivel de juego, de participación.

Recuerda lo que vimos en el capítulo 8: ya eres perfecto, todo ya es perfecto, eres bendecido solo por tener la oportunidad de participar, así que ten el valor de arrojarte a ser transformación, a ponerte en riesgo por un mundo que sea sustentable, que funcione para toda la humanidad.

Parece algo romántico, tal vez lo es, pero eso que parece imposible, es posible si más personas estamos enfocados en lograrlo. Recuerda, ¿qué es lo imposible sino un estado temporal de un determinado paradigma o contexto? Si más seres humanos estamos conectados en transformar nuestra actual realidad claro que puede suceder, así como las decenas de ejemplos que te he mostrado y que los humanos hemos realizado a lo largo de la historia. Hechos inimaginables que ahora son algo común, normal, accesible.

Considera que como líder cuántico tienes el poder de inspirar a miles. Crea evidencia en tu familia, comunidad, redes de amigos, vecinos, en tu región o país. Y uniendo a miles de personas conscientes, siendo líderes cuánticos, no tengo la menor duda de que eso que parece imposible puede transformarse y darnos acceso como sociedad a una que funcione para todos con bienestar y abundancia.

Lo que se requiere son personas comprometidas como tú, que tomen la iniciativa en su vida y luego influyan en la vida de los demás. Seres que estén dispuestos a comprometerse, a ponerse en riesgo y a hacerlo con urgencia. Seres humanos que estén dispuestos a dar su vida por crear una realidad viviendo en bienestar, amor y abundancia. Tal y como han sido con los movimientos sociales que abolieron la esclavitud, o dieron pie a la participación de las mujeres en política, o miles de procesos más que ahora son una realidad.

Piensa que vivir con este nivel de participación, de compromiso y estilo de vida conectando con un propósito superior como el que te propongo, aunque suene idealista te da acceso a vivir de una manera apasionada, inspirada, comprometida y de ejemplo para futuras generaciones. Solo piénsalo porque cada vez podemos ser más quienes nos comprometernos con tener acceso a una humanidad viviendo en bienestar, amor y abundancia. Puedes iniciar con tu alrededor, con tu familia, con tu entorno inmediato; tu vida jamás será igual cuando tomes acción y te comprometas.

¡Gracias por leer este libro! Te reconozco por iniciar este proceso, aprecio tu amor por la vida y la humanidad, valoro tu compromiso y, aunque no te conozco personalmente, te amo.

CAPÍTULO 10: FILOSOFÍA EXISTENCIALISTA

El existencialismo es una corriente filosófica que se originó en Europa en el siglo XX, especialmente en Francia y Alemania y que plantea una forma diferente de pensamiento: se centra en pensar en un ser que experimenta desde su subjetividad y que posee libertad individual para inventarse.

En términos generales, el existencialismo sostiene que los seres humanos son libres y responsables de sus propias acciones y decisiones y que la vida no tiene un propósito o significado intrínseco. Esto significa que cada individuo tiene la oportunidad de crear su propio significado y propósito en la vida, enfrentando la angustia, la soledad y la incertidumbre de la existencia humana.

También enfatiza la importancia de la autenticidad y la elección personal, rechazando la idea de una naturaleza humana fija o esencial. En este sentido, el existencialismo se opone a las corrientes filosóficas que defienden la objetividad, la racionalidad y la universalidad.

Entre los filósofos más conocidos del existencialismo se encuentran Søren Kierkegaard, Friedrich Nietzsche, Jean-Paul Sartre, Martin Heidegger, y Albert Camus.
Una pregunta que se hace dentro de esta corriente de filosofía es: ¿el hombre nace humano o aprende a ser humano?

Considera que el ser humano no nace como un ser completo y

acabado como lo conocemos adaptado a su tiempo y cultura, incluso no nace siendo su nombre u ocupación, no nace siendo su rol en la sociedad; en este sentido, el existencialismo propone que el hombre es algo que se va construyendo a lo largo de su vida. El filósofo Jean-Paul Sartre, por ejemplo, afirmaba que "el hombre no es más que lo que hace de sí mismo".

Por lo tanto, cuando se habla de que el hombre aprendió a ser hombre en el existencialismo se está haciendo referencia a que la identidad del ser humano no es algo preestablecido por naturaleza, sino que se va construyendo a través de la experiencia, la reflexión y la toma de decisiones.

En este sentido, el existencialismo se enfoca en la libertad del ser humano para elegir su propio camino en la vida y construir su propia identidad. Claro, el humano llega a este mundo en el que ya existe un espacio de conversaciones dadas por otros humanos que han construido un contexto de entendimientos que son adoptados como ciertos por el ser recién llegado.

Así es que los factores externos como la cultura, la religión o la biología tienen una gran influencia en la elección de ese camino o propósito que el nuevo ser elige, casi en forma automática. Pero aun con esa gran influencia, el hombre es capaz de continuar transformando ese espacio de conversaciones para reinventarse y dejar de considerarse solo un simple producto de su entorno, sino que tiene esa capacidad de trascender estas limitaciones y crear su propia realidad.

El escritor Diego Álvarez Saba publicó un libro sobre introducción al existencialismo en donde plantea un ejercicio muy poderoso de análisis filosófico sobre esta postura que nos apoya a introducirnos en corriente.

El ejercicio es el siguiente: imagínate que estás desnudo frente al espejo en un espacio en blanco y te preguntan: ¿quién eres? ¿qué eres? Tal vez muy fácil pensarás, soy Mauricio y soy un hombre.

¿Quién te dio tu nombre? ¿Quién te denominó como hombre? El nombre me lo dieron mis padres al nacer por lo que no es parte de mi existencia ya que es algo dado, la palabra hombre es un término dado por el mismo humano, por lo que tampoco puede definir lo que soy ya que al igual que mi nombre no es mi existencia, es subordinada y está relacionada con ella.

Si no soy un hombre, soy un ser vivo ¿no? Volvemos a lo mismo, de nuevo un término dado. No soy un hombre, no soy un ser vivo y ya sabemos que no podemos definir lo que somos con un término.

"Divagación imprescindible: si dejara el experimento aquí para que al recibir la respuesta por uno mismo ésta fuera clara y que verdaderamente creara una conciencia y percepción real de la existencia. Así fue como a mí me quedó clarísima la base del existencialismo", comenta Diego Álvarez Saba en su libro *Introducción al existencialismo*.

Álvarez Saba se plantea también: "Con todas las opciones de respuestas cotidianas (pero equivocadas) anuladas, solo queda una manera de responder a esta pregunta existencial, no puede ser un término, por lo que debe ser una afirmación que delate nuestra existencia y ésta es: yo soy. Sí, ¿qué soy? Soy. No sé si te des cuenta de la grandeza y certeza de esta afirmación. Demuestra nuestra existencia a priori."

Imagina llevar este ejercicio a todas las consideraciones de la vida moderna actual: ¿quién soy? Desde nuestra profesión, soy un ingeniero; o desde nuestras posesiones, soy dueño de esa casa; o de nuestros roles en la vida, soy una madre o un hermano.

El existencialismo nos apoya a pensarnos en un espacio neutral en donde la construcción del ser está en nuestra propia cancha como individuos. Y esto es extraordinario. El filósofo Martin Heidegger propone que el lenguaje es la casa del ser, ya que por medio de él construimos una serie de etiquetas, descripciones, conversaciones y entendimientos que dan ese propósito, crear nuestra realidad.

El famoso escritor, filósofo y conferencista de nuestros tiempos Yuval Harari nos propone que la colaboración a gran escala es la razón por la que los humanos dominamos el mundo. Harari propone que dicha colaboración es producto de la capacidad de los humanos para contar historias y convencer a los demás de que son verdad; de esta manera las historias son capaces de coordinar la cooperación a gran escala, a una gran cantidad de humanos.

Un ejemplo de ello son las religiones que son capaces de promover la adopción de ciertos principios en una gran cantidad de humanos que, aunque no se conozcan personalmente, viven alineados a los mismos principios. O bien, el dinero o las organizaciones que, según Harari, son productos de la creación de historias o narrativas, consideradas ciertas y adoptadas por los involucrados. Un completo desconocido puede entregarle unos pedazos de papel verde a otro desconocido para intercambiarlos por productos o servicios. Y éste actuará de la misma forma con otras personas para obtener lo mismo.

El lenguaje es capaz de crear narrativas que al ser adoptadas por los seres humanos crean ese tejido social invisible de conversaciones sobre las cuales los humanos habitan en dos mundos, el real objetivo y el creado por esas narrativas.

Volviendo al existencialismo, el lenguaje crea estas narrativas y, desde estas, los humanos pueden inventar significados, etiquetas, conceptos e, incluso, crear quiénes son en el mundo.

El filósofo Martin Heidegger (1889-1976), gran influyente del existencialismo, considerado como uno de los principales pensadores del siglo XX, tiene una crítica severa sobre las atrocidades que hemos visto en la historia del mundo, las cuales se remontan a la creencia filosófica, supuestamente inofensiva, de que los seres humanos somos especiales, de que proveemos al mundo de una referencia, de que somos lo que Descartes llamó "cosas pensantes".

René Descartes (1649-1700) fue un filósofo clásico muy influyente que antecedió a la filosofía existencialista y a quien se le atribuye la frase: "pienso, luego existo". A diferencia de la corriente existencialista, Descartes considera que el ser tiene un propósito preexistente. De hecho, gran parte de nuestros pensamientos actuales provienen de la propuesta de Descartes, quien vivió en un contexto en el que el cristianismo tenía gran influencia política y económica en Europa.

Contrario a Descartes, el filósofo Frederich Nietzche (1844-1900) tomó una actitud crítica de quienes afirmaban que existía una "verdad universal". ¿Qué es la verdad? Para Nietzsche no existía tal cosa, la verdad es solo un concepto inventado por los griegos para convencernos de que ellos deberían gobernar. Para este filósofo toda la cultura que ha dominado, explotado y oprimido a otra lo ha hecho en nombre de alguna verdad que tiene la real intención de obtener el poder y la dominación.

Nietzsche transformó la forma en que los filósofos abordaron las preguntas sobre el conocimiento y la verdad. Aun sin la coerción del poder, la verdad necesita ser interpretada.

Luego, Edmund Husserl (1859-1938) creía que el conocimiento científico era muy útil pero no producía la clase de conocimiento más importante, dar respuesta a nuestras preocupaciones humanas. Para resolver este tema Husserl desarrolló un método filosófico llamado "fenomenología", mediante el cual se podía describir la experiencia o toma de conciencia de las cosas sin reducirlas a datos científicos.

Esta forma de abordar las descripciones de experiencias inspiró a muchos pensadores convencidos del empobrecimiento de la visión científica del mundo; uno de esos pensadores fue Martin

Heidegger, quien además de coincidir con esta visión sobre la ciencia, consideraba que en general toda la filosofía había perdido rumbo. Tanto que declaró que sus puntos de vista señalaban el fin de la filosofía como búsqueda obsoleta y el inicio de una nueva tarea: pensar.

Es por ello que Heidegger se enfocó en discutir y refutar las filosofías de muchos colegas que le antecedieron. A lo largo de su vida escribió más de 50 obras sobre todos los temas inimaginables comenzando en 1914 con su tesis doctoral sobre el filósofo medieval Juan Duns Escoto.

Martin Heidegger nació en 1889, estudió en la universidad de Friburgo, bajo la mentoría de Heinrich Rickert y Edmund Husserl y dio clases en la misma universidad desde 1915, ganando reputación. En 1927 publicó su obra magna *Ser y Tiempo* (*Sein und Zeit*), que alcanzó notoriedad mundial en 1928. Se retiró en 1959 abandonando el ambiente universitario para aislarse e intentar vivir los valores de su filosofía en un ambiente rural. Falleció en 1976.

El eje central de los valores de su filosofía se centra en algo que sus anteriores colegas filósofos ignoraron o pasaron de largo: el mundo existe con o sin nosotros como seres humanos. Así que, en todo caso, los seres humanos existimos en el mundo. De esta manera, Heidegger realiza su crítica haciendo una distinción crucial: los seres *versus* el Ser.

Los seres son las cosas que existen: objetos, hechos, procesos, relaciones, mientras que el Ser se refiere a la existencia de estas cosas, al hecho de que sean.

En este sentido los seres pueden ser estudiados por las ciencias o el conocimiento cotidiano y la comprensión del Ser corresponde a la filosofía. El Ser es la condición originaria o "fundamento" que permite que todo lo demás exista, entendiendo a todo lo demás como personas, planetas, flores, objetos, etc.

Otra forma que Hiedegger explica esta distinción es entre el Ser y la Nada. Cuando percibimos el significado de la existencia del mundo, también podemos imaginar la posibilidad de su no existencia y justo la Nada es la posibilidad de la inexistencia de las cosas. Las nociones Ser y Nada resultan difíciles de entender porque son tan evidentes que siempre las hemos dado por sentadas, dice Hiedegger.

Entre El Ser y La Nada existen los seres. Cada entidad deviene un ser mediante el Ser. Por ejemplo, un "Ser Humano" nace de un mundo de seres. En este sentido, Heidegger describe que todo ser es temporal en el sentido de que el tiempo forma parte intrínseca de su constitución. Todo ser humano envejece natural e inevitablemente. Al final, cada ser acaba en un estado de Nada. Todo ser humano muere.

Esta distinción del Ser y la Nada es clave del pensamiento de Heidegger y el mundo solo puede ser comprendido a la luz de la existencia y la inexistencia. Desde estos puntos de vista se le considera filósofo existencialista ya que esta corriente toma como fundamento principal la existencia.

Una contribución disruptiva a la filosofía en la que Heidegger contribuye, toda vez que la filosofía había ignorado el hecho central de todo conocimiento en el sentido de que "el Dasein es arrojado dentro del mundo". En este sentido venimos a la existencia fuera de nuestro control, un mundo que contiene cosas que el Dasein no ha elegido.

La propuesta de Heidegger es basta y compleja, al tiempo que es muy disruptiva y abre nuevas posibilidades de pensar y entender al ser humano, y con ello traer como posibilidad la de reinventarnos como humanidad.

La existencia determina nuestras posibilidades de conocimiento. Y el acontecimiento básico de nuestra existencia es el mismo "arrojo". Este es un hecho fundamental que antes había sido olvidado por el enfoque de la filosofía. Es decir, todo ser humano está formado por su cultura, y al no tener control sobre el entorno social en el que somos "arrojados" devenimos parte de una cultura y, en consecuencia, aprendemos todos nuestros comportamientos de ella.

Desde la filosofía clásica, el ser humano es un ser fijo, inherente, ya definido que, al ser arrojado al mundo, aprende a ser humano y todo lo que puede hacer ya está regulado por el entorno social. En este contexto, los seres humanos no somos autónomos y libres para elegir nuestra propia manera de existir. Los seres humanos estamos constituidos según nuestro entorno.

Los filósofos previamente creyeron que estaban describiendo la esencia universal del ser; sin embargo, pasaron por alto que todas las prácticas, incluso pensar, difieren entre culturas los seres humanos hemos sido arrojados al mundo del espectáculo, al mundo científico, al mundo del arte, al bajo mundo, etc.

Para destacar la importancia de esta observación, Heidegger decide llamar "ser-en-el-mundo" al mismo acto de existir. Más aún, señala que no hay distancia entre nosotros y el mundo, ya que el mundo no es algo que está ahí afuera, sino que somos parte de él tanto como él es parte de nosotros, del ser del Dasein.

En este sentido, para Heidegger no hay distancia, física o mental entre nosotros y nuestro mundo. Estar involucrado con su mundo es intrínseco al Dasein. En tanto "ser-en-el-mundo" está inmerso en un sistema de relaciones; por ello, el entendimiento del ser se enfoca en el entendimiento de esas relaciones. El Uno representa todas las posibilidades del mundo del Dasein en tanto un mundo colectivo. El Uno consiste de otros Dasein cuya presencia crea el mundo en el que actúa un Dasein individual.

Las prácticas sociales que forman el mundo son establecidas por el Uno. En este sentido, el Uno es la corporización del mundo del

Dasein y, en consecuencia, de sus posibilidades personales.

De este pilar es que el libro *Ser y Tiempo* propone la transformación haciendo énfasis en un ser variable que tiene la posibilidad de reinventarse en lugar de ser fijo; de un ser social en relación con su entorno, con la creación de narrativas en el lenguaje y de la influencia en el mundo para adoptar esas narrativas, y la interdependencia con los demás seres como la capacidad de abrir nuevas posibilidades relacionales.

De este apoyo de breve entendimiento sobre la filosofía existencialista te invito a retomar los principios más fundamentales: tú eres quién elijes ser en la medida que seas capaz de influir en los demás a que te perciban de la forma que tú dices ser y, para ello, hay que comportarse, actuar, relacionarte en el mundo de la manera alineada y congruente a quien tú eliges ser.

El existencialismo nos apoya al regresarnos el poder de ser por elección, de ser según nuestra propia relación con el mundo. También nos sirve para abrirnos a la posibilidad de ser influencia en girar las conversaciones de la humanidad, transformar el espacio social de entendimientos sobre los cuales la humanidad da por sentado: especialmente, aquellas que no sirven para tener un mundo que nos funcione a todos.

CAPÍTULO 11: MECÁNICA CUÁNTICA

A fines del siglo pasado los físicos estaban absolutamente seguros de sus ideas acerca de la naturaleza de la materia y la radiación. Además de la perfección matemática de la teoría de lsaac Newton (1642-1727) y James Clerk Maxwell (1831-1879), las predicciones basadas en sus posturas habían sido confirmadas mediante minuciosos experimentos practicados durante años. Sin duda se vivió la era de la razón y la certeza que estableció el paradigma del pensamiento que tenemos hasta la actualidad.

El término clásico se refiere a los físicos de finales del siglo XIX alimentados en lo intelectual con la mecánica de Newton y el electromagnetismo de Maxwell.

La puesta a prueba de teorías mediante la observación había sido el rasgo distintivo de la buena física desde Galileo (1564-1642). El astrónomo y físico italiano se centró en el estudio del movimiento de los objetos, especialmente en la caída libre y el movimiento de los proyectiles.

Fue uno de los primeros en utilizar la experimentación para obtener datos empíricos y establecer leyes matemáticas que describieran el comportamiento de los objetos en movimiento. También propuso la idea de la inercia, que dice que un objeto en reposo permanecerá en ese estado a menos que se le aplique una fuerza externa, y que un objeto en movimiento continuará moviéndose a menos que se aplique una fuerza externa. La interacción de teoría y experimentación que utilizó Galileo sigue siendo el mejor camino a seguir en el mundo de la ciencia aceptable.

En los siglos XVlll y XlX las leyes del movimiento de Newton fueron confirmadas mediante pruebas confiables. Los físicos clásicos habían concebido toda una serie de postulados que orientaban su razonamiento y en virtud de los cuales resultaba muy difícil aceptar ideas nuevas. He aquí una lista de lo que sabían con certeza en cuanto al mundo material:

- El universo era como una máquina gigante que operaba en un marco de tiempo y espacio absolutos. Los movimientos complicados podrían entenderse como movimientos simples de las piezas internas de la máquina, aun si no era posible visualizar tales piezas.

- La síntesis newtoniana implicaba que todo movimiento tenía una causa. Si un cuerpo manifestaba algún movimiento, siempre podía imaginarse qué lo producía. Simplemente se trataba de causa y efecto y nadie lo cuestionaba.

- Si se conocía el estado de movimiento en un momento dado, era posible determinarlo en cualquier otro del futuro o, incluso, del pasado con total certeza. No había nada incierto, todo era consecuencia de una causa anterior. Esto era el determinismo.

- Las propiedades de la luz habían sido descritas en forma cabal por la teoría de la onda electromagnética de Maxwell y confirmadas a través de los patrones de interferencia observados en un sencillo experimento de ranura doble llevado a cabo por Thomas Young en 1802.

- Existían dos modelos físicos para explicar la energía en movimiento: el de las partículas, representadas por esferas impenetrables similares a bolas de billar, y el de las ondas, semejantes a las olas que aparecen en la superficie del mar y barren la playa. Estos modelos se excluyen mutuamente; es decir, que la energía puede tomar solo una de estas formas.

- Era posible medir con la precisión deseada las propiedades de un sistema, tales como su temperatura o velocidad. Bastaba con reducir la intensidad de sondeo del observador o realizar las correcciones necesarias a través de un ajuste teórico. Los sistemas atómicos no eran considerados una excepción.

Los físicos clásicos creían que estas aseveraciones eran absolutamente ciertas, pero con el tiempo estos cinco supuestos resultarían dudosos. Los primeros en saberlo fueron los físicos que se reunieron en el Hotel Metropole de Bruselas el 24 de octubre de 1927.

Foto de Benjamín Couprie. Congreso de Solvay de 1927.

Esta fotografía de la Conferencia Solvay de 1927 es un

buen punto de partida para presentar a los protagonistas del desarrollo de la física moderna. Las generaciones futuras se maravillaron ante la proximidad en tiempo y espacio que reunió a estos gigantes de la física cuántica.

Es difícil encontrar otro período en la historia de la ciencia en el que tantas cosas fueran explicadas por tan pocos en un lapso tan breve.

En 1905 un joven empleado de la Oficina de Patentes de Suiza llamado Albert Einstein (1879-1955) generalizó la noción de Max Planck (1858-1947), y luego ahí estaban años después tomándose esta histórica fotografía, junto con otras mentes brillantes. Allí está Einstein en el centro de la primera fila, había pasado más de veinte años dándole vueltas al problema del cuanto sin aportar nada nuevo desde su escrito de comienzos de 1905, año en el que no existía aún ninguna mecánica cuántica; sin embargo, Einstein formuló su teoría del cuanto de luz en el marco de la mecánica clásica del punto material, por lo menos respecto de las leyes de movimiento. La teoría del cuanto de luz, como quiera que se la interpretara, contradecía evidentemente a la electrodinámica de Maxwell. En la relatividad especial, sin embargo, Einstein presenta una mecánica alternativa a la newtoniana, por lo que en un contexto relativista, la noción misma de cuanto de luz debía ser reconceptualizada.

Durante ese tiempo siguió contribuyendo al desarrollo de la teoría y apoyó las ideas originales de otros con una confianza asombrosa. Ya había pasado una década desde su gran obra la Teoría General de la Relatividad, que lo convirtió en una celebridad a escala mundial.

En Bruselas, Einstein había debatido las extrañas conclusiones de la teoría cuántica con su más respetado y firme defensor, el danés Niels Bohr (1885-1962), quien participaría más que cualquier otro en la lucha por interpretarla y entenderla.

Pero ¿cómo surgió la teoría cuántica? ¿Qué experimentos obligaron a estos hombres, tan cuidadosos, a ignorar los principios de la física clásica y proponer ideas acerca de la naturaleza que violaban el sentido común?

Antes de estudiar estas paradojas experimentales, necesitamos algunos conocimientos de termodinámica y estadística que fueron fundamentales para el desarrollo de la teoría cuántica.

¿Qué es la termodinámica?

La termodinámica estudia el movimiento del calor que siempre fluye de un cuerpo de temperatura superior hacia uno de temperatura inferior, hasta que las temperaturas de ambos cuerpos son iguales. Esto se denomina equilibrio térmico. El calor puede describirse como una forma de vibración.

La primera ley de la termodinámica. Los modelos mecánicos creados a fin de explicar el flujo del calor se desarrollaron velozmente en la Inglaterra del siglo XlX, a partir de los logros de James Watt (1736-1819), un escocés que había construido una máquina de vapor que funcionaba.

En 1850, el físico alemán Rudolf Clausius (1822-1888) publicó un escrito en el que denominaba a la Ley de Conservación de la Energía la primera ley de la termodinámica. Al mismo tiempo sostenía que existía un segundo principio de la termodinámica según el cual siempre hay cierta degradación de la energía total en el sistema, cierto calor innecesario en un proceso termodinámico.

Clausius introdujo un nuevo concepto llamado entropía, definido en términos del calor transferido de un cuerpo a otro. La entropía de un sistema aislado siempre aumenta, alcanzando su valor máximo en el punto de equilibrio térmico; es decir, cuando todos los cuerpos del sistema tienen la misma temperatura.

Sin embargo, la manera en que hemos avanzado en el descubrimiento de entender lo que nos rodea siempre nos ha dado sorpresas, vamos de la certeza a la duda y luego a descubrir que no era tal como lo habíamos demostrado y confirmado.

Un filósofo griego llamado Demócrito (c.460-370 a.C.) fue el primero en formular el concepto de átomo, que significa "indivisible" en griego. Después de un extraordinario trabajo en un cálculo teórico de Einstein y los experimentos del francés Jean Perrin (1870-1942) convencieron a los escépticos de que la existencia de los átomos era un hecho. Ahora sabemos que el átomo sí es divisible y que ya no es invisible ante los artefactos que hemos inventado para poder observarlo y estudiarlo.

De hecho, James Clerk Maxwell fue un atomista convencido que desarrolló su teoría cinética de los gases en 1859.

Más tarde, en 1865, Maxwell publicó la Teoría de la Dinámica de los Campos Electromagnéticos, en la que demostró que el campo eléctrico y el campo magnético viajan a través del espacio en forma de ondas que se desplazan a la velocidad de la luz.

Maxwell propuso también que la luz era una ondulación

en el mismo medio por el que se propagan los fenómenos electromagnéticos. La unificación de los fenómenos luminosos y eléctricos le llevó a predecir la existencia de las ondas de radio.

La Teoría Electromagnética de Maxwell desarrollada a mediados del siglo XIX fue un avance crucial en la comprensión de la naturaleza de la electricidad y el magnetismo. Unificó las leyes de ambas disciplinas en un conjunto coherente de ecuaciones y mostró que la luz es una forma de onda electromagnética.

La teoría de Maxwell tuvo una enorme importancia en la historia de la física, ya que abrió una nueva era de investigación en la que se pudieron entender mejor fenómenos como la propagación de la luz y las ondas electromagnéticas, lo que permitió el desarrollo de tecnologías como la radio, la televisión y la comunicación inalámbrica.

Además, la teoría de Maxwell contribuyó al desarrollo de la física cuántica, ya que algunos de sus principios y ecuaciones se utilizaron en su formulación.

Los tres momentos fundamentales previos a la teoría cuántica

Pasemos a los tres experimentos críticos de la era pre cuántica que no pudieron ser explicados a través de la aplicación directa de la física clásica.

Describiremos cada experimento paso a paso, señalando las crisis provocadas y las soluciones ofrecidas por Max Planck, Albert Einstein y Niels Bohr, respectivamente. Al proponer sus soluciones, estos científicos hicieron sus primeros aportes fundamentales a una nueva visión de la naturaleza. Los trabajos combinados de estos tres hombres culminan con el modelo del átomo ideado por Bohr en 1913 y se conocen como la antigua teoría cuántica.

1. Radiación del cuerpo negro y la catástrofe de violeta

El cuerpo negro es un modelo teórico idealizado, ya que ningún objeto real puede absorber perfectamente toda la radiación que incide sobre él. Sin embargo, se utiliza como modelo de referencia en la física y en la ingeniería para describir el comportamiento de los objetos en función de su temperatura y sus propiedades de emisión de radiación.

La radiación del cuerpo negro sigue la ley de Planck que describe la cantidad de radiación emitida por un cuerpo negro a diferentes longitudes de onda y temperaturas. La ley de Planck muestra que la radiación emitida por un cuerpo negro aumenta con la temperatura y se desplaza hacia longitudes de onda más cortas a medida que la temperatura aumenta. Esta relación es fundamental para entender la termodinámica y la física cuántica y tiene importantes aplicaciones en la astronomía, la física de materiales y la ingeniería.

Los físicos clásicos ingleses Lord Rayleigh (1842-1919) y Sir James Jeans (1877-1946) recurrieron a los mismos supuestos teóricos que Maxwell había empleado en su teoría cinética de los gases que he explicado brevemente.

La ecuación de Rayleigh y Jeans era adecuada para bajas frecuencias, pero ambos se impresionaron al ver lo que sucedería en la región de alta frecuencia. La teoría clásica predecía la existencia de una intensidad infinita para la región ultravioleta y más allá de sus límites. A este fenómeno se lo apodó "la catástrofe ultravioleta", ya que esto no podía ser posible o todas las personas que usaban un horno corrían un grave peligro de una intensidad infinita; lo cual simplemente no era factible, una paradoja inexplicable desde el modelo clásico de Rayleigh y Jeans.

La catástrofe del ultravioleta fue un problema en la física clásica que se presentó cuando se intentó aplicar la teoría electromagnética clásica para describir la radiación del cuerpo negro.

La teoría electromagnética clásica, desarrollada por James Clerk Maxwell, predecía que la cantidad de energía emitida por un cuerpo negro debería aumentar indefinidamente a medida que la longitud de onda de la radiación disminuye, lo que significa que habría una cantidad infinita de radiación emitida en la región del ultravioleta. Sin embargo, esta predicción no correspondía con las observaciones experimentales.

La teoría cuántica desarrollada posteriormente por otros científicos como Albert Einstein y Niels Bohr explicó muchos otros fenómenos en la física que no podían ser entendidos por la física clásica y se convirtió en una de las teorías fundamentales de la física moderna.

Es aquí donde el físico Max Planck entra en acción, ya que realizó importantes contribuciones al estudio de la radiación del cuerpo negro y la resolución de la catástrofe ultravioleta. En 1900 Planck propuso una nueva teoría cuántica de la radiación que permitía explicar la distribución espectral de energía de la radiación del cuerpo negro que resolvía el problema de la catástrofe ultravioleta.

Planck se dio cuenta de que, para explicar la distribución espectral de energía de la radiación del cuerpo negro, era necesario introducir una nueva constante fundamental, que posteriormente se conocería como la constante de Planck. Esta constante relacionaba la energía de la radiación electromagnética con su frecuencia y permitía explicar la distribución de energía de la radiación en términos de cuantos discretos de energía.

La teoría cuántica de Planck fue revolucionaria en su época, ya que contradecía la teoría electromagnética clásica de Maxwell, que había sido muy exitosa en la explicación de fenómenos electromagnéticos anteriores. Sin embargo, la teoría cuántica de Planck fue confirmada por experimentos posteriores y sentó las bases para el desarrollo de la mecánica cuántica, una de las teorías más importantes en la física moderna.

A partir de allí se comprendería por qué deben emplearse las reglas estadísticas para los átomos, por qué los átomos no brillan todo el tiempo y por qué los electrones no avanzan en espiral hacia el núcleo.

2. El efecto fotoeléctrico

El efecto fotoeléctrico fue uno de los trabajos fundamentales de Einstein en 1905, el mismo año en que publicó sus famosos artículos sobre la teoría de la relatividad especial. En su artículo sobre el efecto fotoeléctrico, Einstein propuso que la radiación electromagnética, como la luz, tenía una naturaleza dual; es decir, se comportaba tanto como una onda como una partícula llamada fotón.

Einstein propuso que los fotones interactúan directamente con los electrones del material, transfiriendo su energía y permitiendo que se liberen del material en el proceso conocido como efecto fotoeléctrico. Esta teoría era revolucionaria en su época, ya que la idea de que la luz se comportaba como una partícula contradecía la teoría predominante de la época, que la consideraba solo como una onda.

El trabajo de Einstein sobre el efecto fotoeléctrico fue un paso importante en el desarrollo de la mecánica cuántica, ya que ayudó a establecer la idea de la dualidad onda-partícula de la radiación electromagnética y proporcionó evidencia experimental de que la energía estaba cuantizada en paquetes discretos de fotones en lugar de ser continua como se creía anteriormente.

Ya estamos listos para el tercer experimento que no pudieron explicar los físicos clásicos: los espectros de luz con líneas brillantes. Recordemos la lista: La radiación del cuerpo negro (explicada por Planck), el efecto fotoeléctrico (explicado por Einstein) y, finalmente, los espectros de luz con líneas brillantes (que explicaría Bohr).

Durante 150 años, en los laboratorios de física europeos se habían acumulado observaciones precisas de la luz emitida por gases. Muchos creían que allí se encontraban los secretos del átomo, pero ¿cómo descifrar semejante volumen de información y poner orden en el caos? Ese era el desafío. Los registros se remontan hasta 1752, cuando un físico escocés, Thomas Melvill, colocó recipientes con distintos gases sobre una llama y estudió la luz brillante emitida.

3. Los espectros ópticos de líneas brillantes, el átomo de Bohr

Los espectros ópticos de líneas brillantes se refieren a la observación de ciertas líneas de emisión de luz brillantes y coloridas que se producen cuando una sustancia emite luz a través de un espectroscopio. Estas líneas brillantes son el resultado de la emisión de fotones por parte de los átomos que conforman la sustancia en cuestión.

La teoría atómica de Bohr es una explicación del comportamiento de los electrones en los átomos, propuesta por el físico danés en 1913. Contempla que los electrones en un átomo se mueven alrededor del núcleo en órbitas circulares específicas y solo pueden ocupar ciertos niveles de energía discretos. Cuando un electrón se mueve de un nivel de energía a otro emite o absorbe un fotón de energía correspondiente a la diferencia de energía entre los dos niveles.

Los espectros ópticos de líneas brillantes se pueden explicar utilizando la teoría atómica de Bohr. Cuando se aplica energía a un átomo (por ejemplo, mediante una descarga eléctrica o calentamiento), los electrones pueden saltar a niveles de energía más altos. Cuando los electrones vuelven a niveles más bajos emiten fotones con energía igual a la diferencia de energía entre los dos niveles. Estos fotones emitidos corresponden a ciertas longitudes de onda específicas y producen las líneas brillantes en el espectro óptico.

En el laboratorio de Ernest Rutherford, allá por 1912, Bohr buscó incansablemente el sentido más profundo de la física cuántica, tarea que continuó durante 50 años, hasta su muerte en 1962.

En este gran empeño, nadie se compara con Bohr, ni siquiera Einstein. Por ello, Bohr es el padre fundador de la física cuántica, ya que propuso las primeras ideas y colaboró con casi todos los que contribuyeron al desarrollo de la teoría.

Los trabajos de Max Planck, Albert Einstein y Neils Bohr apoyan la construcción de la teoría cuántica para explicar comportamientos de la materia y la energía que no explicaba la física clásica.

Dualidad onda-partícula

La dualidad onda-partícula es un principio fundamental de la física cuántica que establece que todas las partículas subatómicas, como electrones, protones y fotones, exhiben tanto propiedades de onda como de partícula en ciertas circunstancias. Esto significa que las partículas subatómicas se comportan como ondas y como partículas al mismo tiempo.

Este principio fue descubierto a principios del siglo XX cuando se realizaron experimentos que mostraron que los electrones y otros objetos subatómicos se comportan de manera diferente a los objetos macroscópicos. Por ejemplo, en el experimento de la doble rendija, los electrones se comportan como ondas cuando se disparan a través de dos rendijas y producen un patrón de interferencia en la pantalla detrás de las rendijas, como si fueran ondas de luz. Sin embargo, cuando se observan individualmente, los electrones parecen comportarse como partículas, ya que solo golpean la pantalla en puntos específicos.

La dualidad onda-partícula es una de las características más sorprendentes de la física cuántica y tiene implicaciones profundas en la forma en que entendemos el mundo a nivel subatómico. En lugar de considerar las partículas subatómicas como objetos discretos y bien definidos, debemos pensarlas como sistemas probabilísticos que pueden estar en múltiples estados simultáneamente. Además, la dualidad onda-partícula se aplica no solo a partículas subatómicas, sino también a sistemas más complejos, como moléculas y átomos.

La dualidad onda-partícula es un principio fundamental de la física cuántica que establece que todas las partículas subatómicas exhiben tanto propiedades de onda como de partícula.

En el experimento de doble ranura se produce un fenómeno conocido como el colapso de la función de onda. Este fenómeno se produce cuando un sistema cuántico interactúa con un observador o un detector, y la función de onda que describe la superposición de los posibles estados del sistema se reduce a un solo estado determinado.

En el caso del experimento de doble ranura, cuando los electrones pasan a través de las dos rendijas y se detectan en la pantalla detrás de ellas, se produce el colapso de la función de onda. Esto significa que la función de onda que describe la probabilidad de que un electrón impacte en un punto particular de la pantalla se reduce a un solo punto determinado, correspondiente al punto donde se detecta el electrón.

El acto de observación o medición es lo que produce el colapso de la función de onda, y esto tiene implicaciones profundas en la forma en que entendemos la naturaleza de la realidad en la mecánica cuántica. Mientras que, en la física clásica la observación no afecta el comportamiento del sistema observado, en la mecánica cuántica la observación o medición es un proceso fundamental que cambia el estado del sistema observado.

Erwin Schrödinger fue un físico austriaco nacido en Viena en 1887 y fallecido en 1961. Reconocido también por ser uno de los padres de la mecánica cuántica, recibió en 1933 el Premio Nobel de Física, junto con Paul Dirac, por su contribución al desarrollo de la mecánica ondulatoria. Su trabajo en esta área permitió una mejor comprensión de la estructura atómica y molecular y sentó las bases para el desarrollo de la química cuántica.

Schrödinger es especialmente conocido por su formulación de la ecuación de Schrödinger, que describe la evolución temporal de un sistema cuántico. Esta ecuación es una de las piezas fundamentales de la mecánica cuántica y ha sido utilizada en numerosas aplicaciones prácticas, como el diseño de semiconductores y la criptografía cuántica.

La ecuación de Schrödinger describe cómo evoluciona el estado cuántico de un sistema en el tiempo y se puede utilizar para calcular la probabilidad de que una partícula se encuentre en una posición determinada en un momento dado.

Se trata de una ecuación diferencial parcial, lo que significa que la solución de la ecuación es una función matemática que satisface la ecuación en todo el espacio y el tiempo. Su solución para un sistema cuántico particular depende de las condiciones iniciales del sistema, como la posición y el momento de las partículas en el sistema.

La solución de la ecuación de Schrödinger es fundamental en la física cuántica, ya que permite predecir cómo evolucionará el estado cuántico de un sistema en el tiempo. Además, la función de onda se utiliza para calcular otras propiedades cuánticas de un sistema, como la energía y el momento de las partículas.

Una manera muy fácil pero contraintuitiva de explicar la ecuación de Schrödinger es la paradoja del gato:

En 1935 el científico presentó una hipótesis donde un gato que puede estar simultáneamente vivo y muerto, que en física cuántica se conoce como una superposición, ya que es una probabilidad que puede ocurrir o no.

Esta es una forma de explicar cómo es que en el futuro dos sucesos pueden estar superpuestos, solo antes de ser observados, ya que al momento de ser mirados el estado superpuesto colapsa y aparece uno u otro de los estados posibles, haciéndose reales concretos.

De hecho, Einstein había realizado un estudio sobre el estado de un barril inestable de pólvora que, después de un tiempo, contendría una superposición de estados explotado y sin explotar.

Así que Schrödinger y Einstein mantuvieron una comunicación constante precisamente sobre estas conclusiones y también sobre la paradoja EPR, denominada así por sus creadores: Einstein, Podolsky y Rosen que habla sobre el entrelazamiento cuántico criticando el principio de la localidad, uno de las características de la mecánica cuántica.

Lo anterior sirvió de referencia e inspiración a Schrödinger para pensar en cómo crear una superposición en un sistema a gran escala refiriéndose al mundo que no es subatómico. Por eso, propuso un experimento mental de un gato encerrado en una cámara de acero que contenía una partícula con el 50% de probabilidades de desintegrarse y activar un mecanismo que liberará un gas venenoso. Si la partícula se desintegra, la botella se rompe liberando el gas que mata al gato instantáneamente.

Con este ejercicio mental Schrödinger trataba de poner en evidencia la absurda interpretación de Copenhague (la interpretación de mecánica cuántica tradicional) que implica que el gato permanece vivo y muerto hasta que se observa el estado.

En 2022, los físicos Alain Aspect, John F. Clauser y Anton Zeilinger ganaron el Premio Nobel de Física por su trabajo pionero en la investigación y desarrollo de tecnologías cuánticas.

Específicamente fueron reconocidos por demostrar la naturaleza de las partículas subatómicas y la influencia que la observación puede tener en ellas. Sus experimentos han probado la existencia de lo que se conoce como entrelazamiento cuántico, una propiedad fundamental de las partículas subatómicas que ha llevado al desarrollo de nuevas tecnologías cuánticas como la criptografía cuántica y la computación cuántica.

Las investigaciones de estos tres físicos han apoyado a resolver algunas de las paradojas y misterios de la mecánica cuántica, incluido el concepto de entrelazamiento cuántico, que es una propiedad en la que dos partículas pueden estar correlacionadas de una manera que desafía la lógica clásica.

Además, han demostrado la utilidad práctica de los efectos cuánticos, especialmente en la comunicación cuántica y la computación cuántica. Sus trabajos han allanado el camino para nuevas tecnologías que prometen revolucionar la forma en que pensamos sobre la información y la comunicación.

Resumen de cómo apoyan los principios cuánticos a la transformación personal, al potencial humano para acceder a lo que parece imposible

En resumen, los principios de la mecánica cuántica son un paradigma muy distinto al que hemos vivido desde Newton y Maxwell. A diferencia de la Tercera Ley de Newton que establece que a toda reacción corresponde una reacción, la mecánica cuántica establece una explicación de causa lejana.

Considera que a partir de esta ley física clásica los seres humanos hemos estado viviendo, nadamos dentro de ese paradigma y damos una explicación a nuestra forma de ser y a lo que tenemos acceso en la acción del pasado que la causó. Ahí se enfoca nuestro lenguaje como humanos, puedes notarlo al platicar con tus amigos: yo soy así porque mi papá estuvo ausente, soy de esta forma porque soy el hermano mayor, soy de esta manera porque me tocó que ocurriera tal evento en mi niñez o en mi historia personal; todo en el pasado.

La cuántica no pone atención en la explicación de la acción que produce la reacción, sino que establece el principio de la observación como cocreadora y detonadora que colapsa la onda de posibilidades. En este sentido, el enfoque está en la próxima observación o relación con el mundo más que la explicación en el pasado. Algo así como, "yo soy un ser humano disciplinado" incluso si en el pasado no lo he sido, pues no busco la acción en el antes porque tengo el poder de serlo en el presente, además de que pongo mi atención en relacionarme con el mundo como un ser disciplinado, teniendo acceso a un hombre o mujer disciplinado.

En ello tanto la filosofía existencialista como la física cuántica ofrecen una plataforma única para la transformación personal, el potencial humano y para acceder a lo imposible.

SOBRE EL AUTOR

M auricio Bustos Eguía
es un ser humano sensible,
comprometido y entregado a su
familia con un alto deseo de
contribuir a crear un mundo
con acceso a la abundancia y el
bienestar, aprovechando al
máximo la oportunidad de estar
vivos. Es padre de cinco hijos: Mauricio André, Maximiliano,
Marco Edmundo, Maia Consuelo y Mateo Emiliano. Su esposa
María del Carmen Galván Castro es su socia de vida.

Ha sido empresario en el ámbito de la educación y consultor
en temas organizacionales y de emprendimiento. Con más de
25 años de experiencia ha apoyado a cientos de empresas y
organizaciones, así como a miles de personas.

En su experiencia profesional ha sido creador y facilitador de
la implementación de la metodología de Ejecución Consciente
en empresas. Además, es asesor en innovación y cultura
organizacional y ha brindado coaching profesional a cientos de
ejecutivos y emprendedores.

En su educación y preparación académica y de investigación
tiene una Maestría en Ciencias en El Colegio de la Frontera
Norte (El Colef) en donde se graduó con mención honorífica y,
al mismo tiempo, fue ganador del premio como mejor tesis con

el tema *Las prácticas laborales japonesas en las maquiladoras de Tijuana*, patrocinada por la Universidad de California en Davis (UCD).

También tiene una Maestría en Negocios Internacionales por la Universidad Iberoamericana y la Universidad Autónoma de Baja California. Cuenta con un Postgrado en Mercadotecnia en Cetys Universidad de donde además es egresado de la Licenciatura en Administración de Mercadotecnia.
Además, realizó una especialidad en Finanzas por el Instituto Tecnológico y de Estudios Superiores de Monterrey (ITESM).

Ha sido investigador y catedrático en El Colef y en la UCD en temas de reestructuración industrial, cambios en los mercados laborales y fenómenos económicos en la frontera.

Como catedrático a nivel Maestría en Administración en la UABC, así como en Cetys Universidad ha impartido las asignaturas de Microeconomía, Macroeconomía, Mercadotecnia y Dirección Estratégica. También se ha desempeñado como catedrático de la Maestría de Mercadotecnia de Universidad Xochicalco y en diversos diplomados en el programa de Ingeniería de Negocios, Estrategia de Negocios, Coaching Ejecutivo y Liderazgo. Investigador en Cetys Universidad.

Mauricio se considera un aprendiz permanente y está en aprendizaje constantemente, además de su educación formal cuenta con decenas de certificaciones, algunas de estas son: Certificación Internacional por la Meta-Coach Foundation, la International Society of Neurosemantics. Certificado Internacionalmente como Master Practicante en PNL (Programación Neurolingüística) por la Sociedad Internacional de Programación Neurolingüística. Certificado como consultor de modelo de Organizaciones Exponencial (ExO) y miembro de la comunidad de Singularity University en California. Certificado en metodología de Flow Consultant en la metodología de Exponencial Entrepreneur GeneusU. Certificado por John Hanley PhD como coach en transformación en la versión corporativa.

Es empresario en educación empresarial y potencial humano. Fundador de las empresas Elévate y Elévate Potencial Humano. También tiene experiencia como ejecutivo a nivel internacional por más de 10 años con resultados notables en la integración de equipos multiculturales y multidisciplinarios de trabajo. Experiencia como Director de Planta de manufactura y como funcionario en el área de promoción económica en la Secretaría de Economía en México.

Mauricio Bustos Eguía se ha enfocado en los últimos años en entender el nuevo contexto digital y de innovación como macro-paradigma o cosmovisión que experimentamos en el mundo, enfocándose en metodologías ágiles y del cambio organizacional. Participante y creador de numerosos talleres, seminarios y conferencias en México. También es entrenador del programa de liderazgo en visión e innovación.

En actividades de apoyo a la comunidad Mauricio Bustos ha sido presidente y fundador de Fundación Nicoya, A.C., asociación que inició apoyando la educación, principalmente a niños y jóvenes. Ha fungido como vicepresidente de la Cámara de Comercio, Servicios y Turismo en Mexicali. Y participa como voluntario activo en decenas de consejos en organizaciones sociales que impactan a la sociedad sin fines de lucro.

Mauricio Bustos Eguía tiene varias publicaciones académicas a nivel internacional como: *Learning Factories or Reproduction Factories?: Labor-Management Relations in the Japanese Consumer Electronics Maquiladoras in Mexico* y *Learning Factories or Reproduction Factories?" in Restructured Workplaces, Sage Publications, Inc., United States of America.*

Sus libros en formato e-book *Ejecución consciente* y *Como hacer un plan comercial* han beneficiado a pequeñas y medianas empresas. Y cuenta con decenas de artículos en temas de potencial humano, cultura y desarrollo organizacional, estrategia de negocios e impacto de la tecnología en el ambiente de negocios.

Puedes escribirle al autor a mbustos@elevate.com.mx